Peter Krausser
Kants Theorie der Erfahrung und Erfahrungswissenschaft

Peter Krausser

Kants Theorie der Erfahrung und Erfahrungswissenschaft

Eine rationale Rekonstruktion

Vittorio Klostermann Frankfurt am Main

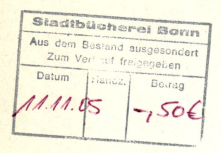

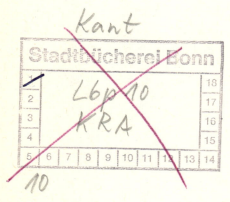

CIP- Kurztitelaufnahme der Deutschen Bibliothek

Krausser, Peter: Kants Theorie der Erfahrung und Erfahrungswissenschaft : e. rationale Rekonstruktion / Peter Krausser. – Frankfurt am Main : Klostermann, 1981.
ISBN 3-465-01470-7

© Vittorio Klostermann GmbH Frankfurt am Main 1981
Alle Rechte vorbehalten, insbesondere die des Nachdrucks und der Übersetzung. Ohne Genehmigung des Verlages ist es nicht gestattet, dieses Werk oder Teile in einem photomechanischen oder sonstigen Reproduktionsverfahren oder unter Verwendung elektronischer, hydraulischer oder mechanischer Systeme zu verarbeiten, zu vervielfältigen und zu verbreiten.
Satz und Druck: Poeschel & Schulz-Schomburgk, Eschwege
Printed in Germany

Inhaltsverzeichnis

Analytical Table of Contents   7
(Analytische Inhaltsübersichten in Deutsch finden sich
jeweils am Anfang der einzelnen Kapitel!)

Einleitung   13

I. Kapitel
Kants Theorie der Grundstruktur des Prozesses empirischen
Erkennens und zwei darin implizierte Postulate bezüglich
der Dinge, an sich genommen   25

II. Kapitel
‚Raum‘ und ‚Zeit‘ als ‚Formen der Anschauung‘ und als
‚Formale Anschauungen‘   40

III. Kapitel
Die sogenannte ‚Deduktion‘   61

IV. Kapitel
Der Schematismus der Kategorien und das Problem der
Gestalt-Erkennung (pattern-recognition)   93

V. Kapitel
Über Schema und Grundsatz der Wechselwirkung und
die prinzipielle Relativität der Gleichzeitigkeit   114

VI. Kapitel
Die Unterscheidung logischer, mathematischer und
empirisch hypothetischer Modalitäten, die Postulate
und das Problem der Annahme theoretischer Entitäten
und Gesetze im empirischen Denken   130

Verzeichnis der Abkürzungen 145

Verzeichnis der Literatur 146

Verzeichnis der früheren Versionen der Kapitel
dieses Buches 148

Index 151

ANALYTICAL TABLE OF CONTENTS

Introduction   13
1.1 How this investigation got under way. 1.2 On the title. 2.1 On the principles of a systematic rational reconstruction. 2.2 The point of view of this analysis and reconstruction. 2.3 On the problem of the alleged apriori and apodictic character of transcendental knowledge. 2.4 On the non-atomistic, non-elementaristic, but rather holistic, quasi gestalt-theoretical character of the psychology of perception implied in the *Critique*. 3.0 On the methods used. 4.0 On those results of this reconstruction that seem to us to be relatively new and/or especially interesting.

Chapter I   25
Kant's Theory of the Structure of Empirical Scientific Inquiry, and Two Implied Postulates Regarding Things in Themselves
1.0 Kant regards science not statically as an aggregate or system of true sentences but dynamically as a process exhibiting a certain peculiar kind of systematic controlled *progress*. 2.1 His sketch of the structure of that process. 2.2 An important supplement of that sketch in his *Transcendental Doctrin of Method* with regard to hypotheses. 2.3 The sketch is that of a dynamic falsificationist conception of science. 2.4 A block-diagrammatical analysis and reconstruction of the dynamical system of cognition according to Kant's theory. 2.5 Comments on the Diagram. 2.6 The dynamical part of the system has the structure of an open loop selfregulating system with negative feedback. 2.7 Remarks on the statical part. 2.8 Remarks on the problem of application of mathematics in Kant's theory. 3.1 On the transcendental-idealistic and the empirical-realistic aspects of Kant's theory. 3.2 On the ontological NONcorrespondence REALISM necessarily implied in such a theory. 3.3 A simple translation of the object-theoretical language Kant often misleadingly used into a meta-theoretical idiom shows his theory to be perfectly consistent in the combination of those three aspects! 3.4 A weak argument for the necessity to postulate a transcendent reality of the things, as taken in themselves, and as affecting our knowledge of them as they appear to us. 3.5 A strong argument for this. 3.6 Kant himself seems to have noticed at least the core of this strong argument in A 104f. 3.7 A second postulate implied in his theory but not explicitely stated as such anywhere in the *Critique*.

Chapter II   40
‚*Space' and ‚Time' as ‚Forms of Intuition' and as ‚Formal Intuitions'*
1.1 The *Critique* conceives not only of the categories as *rules* of the un-

derstanding, but also of the forms of intuition as *rules* of our sensibility. 1.2 Taken earnestly this makes Kant's theory of perception systemtheoretically very plausible, and all the often alleged fundamental internal contradictions of it simply disappear. 2.0 – 2.3 The alleged central inconsistencies in Kant's theory of ‚space' and ‚time'. 3.1 – 3.2 The impression of inconsistency is due to not taking into proper consideration the ambiguity of the term ‚intuition'. 4.1 – 4.3 Space and time qua forms of intuition are *rules* that govern the synthesising operation of intuiting. 5.1 The conception of the forms of intuiting as rules is substituted in the *Critique* for their conception as ‚laws of intuiting' in Kant's Dissertation of 1770. 5.2 Advantage of this substitution: rules are not unique, a fact, that has important consequences for a positive answer to the question, whether noneuclidean geometries are thinkable and scientifically acceptable according to Kant's theory. 6.0 – 6.3 Given the interpretation in 4.1–3 the alleged contradictions of 2.0–3 disappear – except one. 7.1 – 7.3 An explicit formulation of ‚time' as a rule of intuiting. 8.1 – 8.3 The sevenfold aequivocal meaning of the term ‚intuition', and its different meanings in the expressions ‚form of intuition' and ‚formal intuition' as grounds for the impression that B 203 contradicts B 39. 9.1 – 9.4 Given the interpretation of ‚forms of intuition' in 4.1–3, and the interpretation of ‚formal intuitions' as ‚determinate spaces and times' = ‚spatio-temporal figures of things' the apparent inconsistency between B 203 and B 39 disappears too. 10.1 – 10.2 Three complementary concepts of infinity in Kant's theory: the intensionally actual infinite, the extensionally potential infinite, and the only regulative ‚idea' of the extensionally actual infinite.

Chapter III 61
The socalled ‚Deduction'
1. Arguments towards a ‚deduction' of the transcendental role and objective validity of the forms of intuition and thinking are not only to be found in the socalled metaphysical and transcendental, subjective and objective deductions but also in the *Analogies*, in the *Refutation of Idealism*, and in the chapter on the *Antinomies*. 2.1 The object of the *Critique* was not to state the conditions of the possibility of just any kind of experience but only those of the kind of experience humans really have. 2.2 This kind of experience is characterized by some peculiar and highly problematic features. 2.3 The first feature: already in prescientific experiential cognition we go beyond of what is or was immediately perceptionally given. Wherein lies the ground of the possible validity of such cognitions? (Humes problem) 2.4 Kant's answer to that problem. 3.1 The second feature and problem is the peculiar threefold unity of our experience: the unity of the experien*ced* world, the unity of the stream of experienc*ing* it, and the always possible unity of the experiencing

subject. 3.2 This threefold unity is what Kant denotes by that fundamental term ‚unity of apperception'. 3.3 Third feature and problem: the ‚unity' = structure of experience is also such that it was possible to errect above it an intersubjective experiential science of the *kind* exemplified by Newtonian physics. 3.4 The fact of and demand for the thus fourfold unity of apperception is also the supreme criterion used in the ‚deduction'. 4.1 The analysis of the conditions of the possibility of our experience must also be an analysis of the conditions of an at least twofold, ‚subjective' and ‚objective' timeconsciousness. 4.2 The analysis of timeconsciousness in the socalled ‚subjective deduction'. 4.3 The deepening of the analysis, and the contributions towards the special deductions in the *Analogies*. 4.4 How Kant's theory offers one real answer to the question concerning the neither logical nor perceptual ‚necessity' which we attribute to causal = lawlike connections of events. 5.1 The conditions of experience must be the conditions of a structurally segregating and integrating, synchronic and diachronic determination of an experiencing subject *in* the experienced world. 5.2 The central point in Kant's ‚Theorem' of the ‚*Refutation of Idealism*' as part of the ‚Deduction'. 6.1 A further fundamental problem for whose solution or rather avoidance Kant's theory was conceived was that of the inevitability of the antinomies in all precritical epistemologies. 6.2 Evidence for the correctness of this thesis. 6.3 It was, then, the necessity of avoiding the antinomies by which Kant felt forced into his ‚transcendental turn'. 7. Remarks on the complex structure and on the strength of the argumentation in the ‚Deduction'.

Chapter IV   93
The Schematism of the Categories and the Problem of Pattern-Recognition
1. Introduction: 1.1 The problem of the Schematism is a real one. 1.2 Kant's achievements lie in having seen this problem for the first time, and in having begun to analyse it — not in a solution of it. 1.3 Schemata are neither mere variations of the categories nor of the principles. 2. The problem: 2.1 The Problem of the Schematism is what we now use to call the problem of pattern-recognition. 2.2 A special difficulty of the schemata of the categories compared with those of empirical concepts. 2.3 A special difficulty of the schemata of the categories compared with those of concepts of geometry. 3. Requests on acceptable formulations of the schemata: 3.1 An indefensible and unnecessary request by Kant: ‚homogeneity' of the schemata with the categories on the one side and with the appearances on the other. 3.2 Why the ‚formal conditions of sensibility' and the ‚sensible conditions' for the application of a category must be distinguished. 4.1 An ambiguity in Kant's term ‚appearance'. 4.2 What must be given with the ‚sensibly given manifold'. 4.3 The schema of causality contains an anticipation of Reichenbachs ‚principle of the mark'.

4.4 This shows a transcendental role of an activity of the subject that is not just a mental activity but must also be a bodily one. 4.5 Remarks on the necessity of assuming the ‚given sensible manifolds' to have a pre-synthetic though only factual, particular, and local structure of their own. 5. Kant's Schemata are not acceptable according to the requests listed in sect. 3.2. 6. On the distinctions and relations of the categories, schemata and principles: 6.1 How do schemata relate to categories? 6.2 What – relative to them – are the principles? 6.3 Trial and illustration of the proposed reconstruction by the paradigmatic example of the category ‚substance-accidens', its schema, and the resulting principle. 6.4–6.5 Additional advantages of this reconstruction.

Chapter V   114
The Schema and Principle of Interaction and the Relativity of Simultaneity

1. A rational systematic reconstruction of the schema and principle of interaction is especially difficult: 1.1 Because there are at least eight different concepts of interaction in the *Critique* and the *MA*; 1.3 And there are at least four different concepts of substance in it. 2.1 Discussion and systematic immanent evaluation of the conceptual variants A, B, B_1, B_2, and C. 2.2 The immanent unacceptability of variants B and C, i.e. of a timeless, instantaneous action through spatial distance. 2.3 Analysis of the variants B_2 and D, i.e. of the concept of action as spreading temporally through space with some finite speed, and attempt to reconstruct the schema correspondingly. 2.4 Consequences of this reconstruction. 2.5 Further consequences, and the question whether ‚interaction' should be assumed to be a separate category at all. 2.6 Remarks on the variant E. 2.7 On the variant F. 2.8 How this immanent reconstruction indicates that the *Critique* does *not* seek to give the foundations of Newtons mechanics but to explain the more general possibility of a genus of empirical science of which Galileos, Newtons, and even Einsteins physics are only so many different species.

Chapter VI   130
The Distinction of Logical, Mathematical and Empirical Modalities, the Postulates and the Problem of Accepting Theoretical Entities and Laws in Science

1.1 The Postulates are not only and not even primarily concerned with the transcendental or with the logical, but with the constructive (= intuitive), and even more with the empirically real possibility, actuality, and necessity. 1.2 Between the logical possibility/necessity on the one side, and the empirically real possibility etc. on the other the *Critique* discerns what may be called a constructive mathematical possibility etc. 2.1 Kant, in his Dissertation and *Critique* was quite aware of the logical possibility of other geometrical structures than those of the concrete configurations in our perception. 2.2 The rules governing the intuitive, ostensively constructive geometry have a privileged status for us only qua conditions of the possibility of our kind of experience. 3. The Postulates are not principles in the sense this term has in the *Transcendental Analytic*. They are metatheoretical propositions on the justifying conditions for hypothetically claiming something — including purely theoretical entities — to be empirically possible, actual or necessary. 4.1 A corresponding reconstruction of the three postulates with the help of Kant's own ‚Explanations' of them. 4.2 On an important restrictive consequence of the third postulate for Kant's answer to Humes problem. 5.1 Reasons for the necessity to also reconstruct the schemata of modality. 5.2 Their reconstruction as a kind of pseudo hyperschemata. 6. Remarks on the identity of these ‚hyperschemata' with the reconstructed postulates, on the suitableness of reconstructing the postulates, and on the *non*categorial status of the alleged ‚categories' of modality in Kant's theory.

EINLEITUNG

1.1 Zum Beginn des Unternehmens. 1.2 Zum Titel. 2.1 Grundprinzipien einer systematischen rationalen Rekonstruktion. 2.2 Der zentrale inhaltliche Gesichtspunkt der Analyse und Rekonstruktion von Kants Theorie: 2.3 Zum Problem des angeblich apriorischen und apodiktischen Charakters gewisser transzendentalphilosophischer Erkenntnisse. 2.4 Zu dem nicht atomistisch-elementaristischen, sondern eher früh ganzheitstheoretischen Charakter der in der KrV implizierten Wahrnehmungspsychologie. 3.0 Zu den Methoden der Untersuchung. 4.0 Die Punkte unter den Ergebnissen der Rekonstruktion, die uns einzeln oder in ihrem Ensemble das eigentlich Neue und/oder Interessante derselben zu sein scheinen.

1.1 Die Kapitel dieses Buches sind aus einer noch nicht abgeschlossenen Serie von Artikeln hervorgegangen, die in der Bibliographie angegeben sind. Jene Artikel ihrerseits waren stets die Früchte vorangegangener Forschungsseminare einer Seminarreihe, die im akademischen Jahr 1967/68 in den USA und seither an der Freien Universität Berlin ununterbrochen lief und weiterhin läuft. Sie begann, als mich die University of Pennsylvania in Philadelphia für 1967–1968 als Gastprofessor einlud und bat, einen ganzjährigen Seminarkurs über Kants *Kritik der reinen Vernunft* für graduate students anzubieten. Davon war ich sehr angetan. Aber ich hatte damals noch keine Ahnung, was für ein Unternehmen daraus werden würde. Die Teilnehmer jenes ersten Jahres waren fast alle nicht nur graduate students, sondern auch teaching fellows, also Studenten, die selbst bereits Lehraufgaben hatten. Wir haben uns schnell darauf geeinigt, unser Unternehmen auf eine strikt systematische Analyse und Rekonstruktion der Erkenntnis- und Wissenschaftstheorie in der KrV zu beschränken. Es sollte, um es etwas scharf zu sagen, weder um Kant noch um die KrV gehen, weil es nicht um eine historische Analyse und Rekonstruktion gehen sollte.

Das Thema wurde dann im Laufe des ersten Jahres, in dem wir bis zu den Postulaten des empirischen Erkennens gelangten[1], aber dabei schon alle Teile der *Kritik* mit zu berücksichtigen versucht hatten, genauer bestimmt. Wir nannten es: Die Theorie der Erfahrung *und* Erfahrungswissenschaft in der KrV. Versuch einer rationalen Rekonstruktion.

---

[1] In Berlin begann die Seminarreihe natürlich erneut im Text von vorn.

1.2 Dieses Thema

(a) entsprach *unserem* gemeinsamen Interesse. Wir glaubten und behaupten nicht, es sei Kant selbst in der KrV nur oder primär um eine solche Theorie gegangen. Auch nicht, daß die KrV, so wie sie nun einmal vorliegt, etwa nichts weiter als eine solche Theorie sei. Sie ist z.B. auch eine Theorie der Metaphysik, der ‚überlebten', traditionellen, wie der ‚guten', die Kant selbst ins Auge faßt. Noch wichtiger vielleicht: Sie ist auch eine philosophische Anthropologie (wie man das *heute* nennt). Und natürlich ist uns nicht entgangen, daß sie viele wichtige Gedanken zu anderen Zweigen der Philosophie ebenfalls enthält.

(b) Das Thema entspricht aber doch auch einem Spezifikum der kritischen, transzendentalphilosophischen Erkenntnistheorie. Diese sollte nämlich — so merkten wir — gerade nicht bloß oder separat als Theorie der Erfahrung und ebenso nicht bloß oder separat als Theorie der empirischen Wissenschaft analysiert und systematisch rekonstruiert werden. Denn sie ist *jedes* von beiden nur als integrierte und integrierende Theorie des ganzheitlichen Zusammenhanges *beider*: in den Bedingungen ihrer Möglichkeit, wie in dem durch diese geregelten Prozeß ihrer sie konstituierenden Synthesen.

2.1 Bevor Näheres über die inhaltlichen Gesichtspunkte der Rekonstruktion gesagt wird, sollen kurz die Grundprinzipien einer jeden systematisch rationalen Rekonstruktion überhaupt dargestellt werden, denen wir uns unterworfen haben:

(a) Sie soll — falls dies unter den Bedingungen b und c möglich ist — versuchen, die interpretierte Theorie als eine in sich *konsistente* und überdies *plausible*, das heißt eine nach unserem besten Wissen *möglicherweise* im wesentlichen sachlich wahre Theorie zu rekonstruieren.

(b) Die Theorie soll dabei und dazu, soweit wie möglich, *präzisiert* werden.

(c) Die Grundgedanken des betreffenden Philosophen sollen in der Rekonstruktion enthalten und erhalten sein.

Vergleicht man diese Kriterienliste mit der inhaltlich fast gleichen von W. Stegmüller (1967, S. 1–5)[2], so bemerkt man eine Änderung der Reihenfolge. Stegmüller sagt uns nichts darüber, ob er sich etwas bei der von ihm gewählten Reihenfolge gedacht hat. Hier dagegen muß gesagt werden, daß wir mit der Reihenfolge zugleich eine Rangfolge (wenn auch ohne

---

[2] In dieser Form weisen wir auf Werke hin, die im Literaturverzeichnis angegeben sind.

große Abstände!) der Kriterien meinten und meinen. Es wird also zum Beispiel durchaus die Möglichkeit ins Auge gefaßt, daß man in einer systematischen Rekonstruktion mit Hilfe oder zugunsten der Kriterien a und b dafür argumentieren kann und muß, daß und warum ein Gedanke, der in anderer Interpretation und Rekonstruktion zu den Grundgedanken der Theorie des interpretierten Autors gerechnet werden könnte, entweder kein solcher Grundgedanke ist oder zwar als solcher gemeint war, aber dennoch, weil unhaltbar, zugunsten der Theorie (also auch zugunsten der übrigen Grundgedanken derselben!) ausgeklammert oder korrigiert werden muß.

Damit ist ineins schon darauf hingewiesen, daß jede systematische Rekonstruktion selbstverständlich stets *nur eine* unter *verschiedenen möglichen* ist. Man sollte keine gegebene Rekonstruktion je für ausschließlich halten — selbst wenn sie nach allen drei Kriterien als gelungen erscheint. Dies ist, neben den sonst unvermeidlichen Schwierigkeiten eines zu großen Umfangs des Buches, der Hauptgrund unseres völligen Verzichtes auf kritisch polemische Auseinandersetzung mit anderen Interpretationen der KrV.[3] Ich erinnere mich in diesem Zusammenhang lebhaft, wenn auch leider ohne die Stelle, an einen einleuchtenden Satz, den ich einmal irgendwo bei Leibniz gelesen zu haben glaube. Er sagte etwa folgendes: ‚Ich habe bei Kontroversen zwischen Philosophen oft beobachtet, daß alle Beteiligten im Recht waren — ausgenommen die Einwürfe, die sie gegeneinander machten.' Es sollte daher m.E. den Lesern überlassen bleiben, selbst die hier direkt und positiv vorgetragene rekonstruktive Interpretation nach den angegebenen Kriterien mit anderen, ihnen bekannten Rekonstruktionen zu vergleichen und sich ein abwägendes Urteil zu bilden.

Da es um die Analyse und Rekonstruktion eines so gedankenreichen und tiefsinnigen Textes wie den der KrV geht, können wir mit der eben gegebenen Warnung noch ein wenig weiter gehen. Nach Erfahrungen mit unserer Rekonstruktion und ihren Veränderungen bei der Satz für Satz fortschreitenden Einbeziehung des Textes in die Analyse[4] wurde uns klar: Selbst bei Behandlung des gleichen Themas unter dem gleichen Gesichtspunkt (s. 2.2—4) darf man sicher sein, neue, hier übersehene oder zu sehr vernachlässigte Aspekte von Kants Theorie sichtbar zu machen und also zu einer etwas anderen Rekonstruktion zu gelangen.

Dazu trägt auch die oft sehr schwierige und mehrdeutige Sprache Kants bei, durch die eine systematische Rekonstruktion immer wieder gezwun-

---

[3] Anders als Stegmüller a.a.O. sehe ich keinen wesentlichen Unterschied zwischen Interpretationen und Rekonstruktionen, da jede Interpretation eine Rekonstruktion ist und umgekehrt. *Jedes* Verstehen ist produktiv, also ein ‚anders Verstehen' (Gadamer 1960, p. 280).

gen wird, unter mehreren möglichen Bedeutungen für Begriffe, Redewendungen, Sätze und ganze Absätze zu wählen. Natürlich geschieht solche Wahl unter Berücksichtigung des engeren und weiteren Kontextes, des feststellbaren einschlägigen Sprachgebrauches bei Kant, der Stelle im (rekonstruierten) System etc. Dennoch wird man bei einem so vielschichtigen und facettenreichen Denken, wie dem eines Kant, nur selten die Möglichkeit haben, eine Wahl als die einzig mögliche zu betrachten.

Eben deshalb haben wir — was bei einer rationalen Rekonstruktion vielleicht überraschen wird — versucht, Kants Worte ganz ernst, also wörtlich zu nehmen, und wünschen uns dasselbe von jedem Leser. Man findet daher überall im Text in Klammern, mit Angaben wie (B 17), (A 25), (B 211 = A 170), Hinweise auf die Stellen des Textes der ersten (A) und zweiten (B) Auflage der KrV, auf die wir uns rekonstruierend beziehen oder stützen. Dies soll jedem mitdenkenden Leser jederzeit, wo es ihm angebracht erscheint, eine genaue Kontrolle am Text ermöglichen oder erleichtern und ihn so zu einer solchen auch ermutigen. Die Hinweise sind dagegen nie so gemeint, daß man die betreffende Stelle nachlesen müsse, um der Rekonstruktion folgen zu können. Alle Textstellen, die *dafür* benötigt werden, werden *in extenso* zitiert.

2.2 Obwohl der zentrale Gesichtspunkt, unter dem wir Kants Erkenntnistheorie analysieren und rekonstruieren, ein ganz moderner ist und auch in einer Kant noch völlig unbekannten Sprache formuliert werden kann, haben wir ihn doch der KrV, insbesondere dem Anfang der *Einleitung* derselben, entnommen. Dort sagt Kant, alle Erkenntnis fange mit der Erfahrung an. Unser Erkenntnisvermögen werde

„zur Ausübung erweckt ... durch Gegenstände, die unsere Sinne rühren und teils ... Vorstellungen bewirken, teils unsere Verstandestätigkeit in Bewegung bringen, diese zu *vergleichen*, sie zu *verknüpfen* oder zu *trennen* und so den rohen Stoff *sinnlicher Eindrücke zu einer Erkenntnis der Gegenstände zu verarbeiten, die Erfahrung heißt*, ... so ... daß selbst unsere Erfahrungserkenntnis ein Zusammengesetztes aus dem (ist), was wir durch Eindrücke empfangen und dem, was unser eigenes Erkenntnisvermögen (durch sinnliche Eindrücke bloß veranlaßt) aus sich selbst hergibt, ..." (B 1; Hervorhebung v. mir.)

Für jeden, der mit modernen, kybernetisch-systemtheoretischen Vorstellungen bekannt ist, muß diese Passage vertraut klingen. Sie wird ihm

---

[4] Diese Veränderungen können durch Vergleich der Kapitel mit ihren früheren Versionen in den ihnen vorausgegangenen Artikeln und eventuell auch noch früheren Vorträgen verfolgt werden, die deshalb alle im Teil B des Literaturverzeichnisses angegeben sind.

die Vermutung nahelegen, Kant habe Sinnlichkeit, Verstand und Vernunft als Teile oder Subsysteme eines bestimmt gearteten, Information verarbeitenden Systems angesehen und die ‚Erfahrung' als ein normales Produkt der Verarbeitung, die ein so strukturiertes System seinem ‚Input' angedeihen läßt (lies mit Kant: seinen ‚rezeptiv gegebenen sinnlichen Mannigfaltigkeiten'). So ging es neuerdings auch A.V. Bushkovitch (1973, p. 87/8), der seinen Hinweis darauf mit den Worten abschließt: „it might be very profitable to re-examine much of Kant's work in the light of the information-processing theory of ‚thinking'."[5] Verfolgt man diesen Gedanken — wie wir seit 1967 — weiter, so ergibt sich als Nächstes die Annahme, Kants Frage nach den ‚Bedingungen der Möglichkeit *der* Erfahrung', die menschliche Systeme haben, sei also verstehbar als Frage nach gewissen *Regeln der Informationsverarbeitung* in solchen Systemen. Nämlich als Frage nach *denjenigen Regeln*, die notwendig sind, um dem Produkt der von ihnen beherrschten Verarbeitung des ‚Gegebenen' gerade *die* Struktur zu geben, die unsere *menschliche* Erfahrung als solche charakterisiert. Hier merkt nun der Kenner des Textes der KrV sofort, wie *nah* diese, heute scheinbar so neue und moderne Auffassung am Text von Kant ist. Denn sowohl die Anschauungsformen, wie die Kategorien, wie die Schemata, wie die ‚regulativen Ideen', wie alle Begriffe überhaupt werden von Kant tatsächlich wieder und wieder ausdrücklich als *Regeln* für das Ordnen, Verknüpfen, Synthetisieren, Konstruieren, Konstituieren von Erkenntnissen: Anschauungen, Begriffen, Urteilen, Theorien *und* ihren Gegenständen behandelt, bezeichnet, analysiert, dargestellt und gerechtfertigt. Die Kategorien sind zum verarbeitenden System gehörige (= ‚a priori' fungierende) Regeln des Verstandes, des Urteilens, des Denkens, auch des Denkens im Anschauen (!) (A und B überall). Die Anschauungsformen ‚Raum und Zeit' sind „Regeln der Sinnlichkeit", (B 76 = A 52). Formuliert man sie, so „gelten ihre Grundsätze als Regeln, unter denen überhaupt (erst) Erfahrungen möglich sind" (B 47 = A 31; Zus. i. d. Klammern v. mir). Schemata sind Regeln für die Anwendung je einer der Kategorien auf je bestimmte Erscheinungen (B 177 = A 138). Daß die sog. ‚Ideen der Vernunft' Regeln für den Gebrauch des Verstandes im methodischen Erkennen sind, sagt schon ihre Bezeichnung als ‚regulative Ideen'.

Diese Bemerkungen müssen als eigentlich vorgreifende hier genügen. Die wirkliche Rechtfertigung der Wahl des gekennzeichneten Gesichtspunktes muß und wird darin liegen, daß die Analyse und Rekonstruktion unter ihm zeigt, wie vieles er sichtbar macht, wie vieles Sichtbare er ver-

[5] Vgl. a. A. Sloman (1978), pp. XIX, 11, 63, 69, 72, 185, 217, 220f., 229f.

ständlich, einleuchtend, plausibel macht, wie vieles, das ohne ihn als Schwierigkeit oder gar innerer Widerspruch in den Texten erschien, nun unschwer und zwanglos entweder als logisch vereinbar oder gar als im System logisch zwingend zusammengehörig erkennbar ist, kurz: wie fruchtbar er für ein rationales Verstehen der *Kritik der reinen Vernunft* ist.

2.3 Zur Kennzeichnung des Gesichtspunktes unserer Rekonstruktion gehört, da es wegen seines nur negativen Charakters nicht zum Gegenstand eines eigenen Kapitels gemacht werden soll, auch noch dies:

Die schon aus allgemeinen Gründen der Logik einerseits und der auch von Kant sonst erkannten Endlichkeit und Fehlbarkeit alles menschlichen Theoretisierens andererseits unhaltbaren Ansprüche auf sogenannte ‚absolut apriorische und apodiktische, dogmatische Geltung', die Kant für die zentralen Teile seiner Theorie machen zu müssen meint (und die entsprechenden Teile seiner Theorie der Apriorität) werden hier nicht rekonstruiert. Daß die Erkenntnistheorie in der KrV *inhaltlich* unverkürzt und unverändert sehr wohl auch ohne jene unbegründbaren und unnötigen Geltungsansprüche entwickelt und dargestellt und also auch rekonstruiert werden kann, hat schon Kant selbst — wenn auch nicht in dieser Absicht — in der Vorrede der zweiten Auflage, insbesondere auf den Seiten B XVI—XXII vorgeführt. Mit Recht sagt er selbst über diese Seiten in der Fn. B XXII an ihrem Ende: „Ich stelle in dieser Vorrede die in der Kritik vorgetragene, jener (kopernikanischen) Hypothese analogische, Umänderung der Denkart auch nur als Hypothese auf, ... um nur die ersten Versuche einer solchen Umänderung, *welche allemal hypothetisch sind*, bemerklich zu machen." (Hervorhebung u. Zus. i. d. Klammer v. mir). Mit Unrecht fügte er an der in diesem Zitat freigelassenen Lücke diese Worte ein: „ob sie gleich in der Abhandlung selbst aus der Beschaffenheit unserer Vorstellungen von Raum und Zeit und den Elementarbegriffen des Verstandes, nicht hypothetisch sondern *apodiktisch bewiesen* wird".

Das ist einfach falsch. Bis heute verfügen wir Menschen über keinerlei Verfahren und dazugehörige absolute Kriterien, mit denen etwas Derartiges geleistet werden könnte. Versteht man also mit Kant unter der Behauptung, die Anschauungsformen oder die Kategorien etc. seien a priori oder *als* a priori (der Erfahrung und Erkenntnis überhaupt) erkannt, dies, daß sie als Bedingungen der Möglichkeit von Erfahrung und ihren Gegenständen erkannt werden, so muß man sagen: als solche werden sie aber nicht a priori erkannt und können sie prinzipiell nicht a priori erkannt werden. Man kann überhaupt ‚a priori', wörtlich: ‚von dem (logisch oder der Sache nach) relativ Früheren her' nur deduktiv logisch das relativ

Spätere erkennen, die logische Konsequenz also des vorausgesetzten Früheren, nicht aber dieses selbst als Früheres. M.a.W. es kann logisch stets nur das relativ Bedingte, nie aber die relative Bedingung als solche a priori erkannt werden.

Warum glaubt dann ein so großer Denker wie Kant, er könne, ja, schlimmer noch, man *müsse* die Bedingungen, um die es in der *Kritik* geht, a priori, apodiktisch erkennen? (s. z.B. A XV). Die Antwort oder besser, eine Antwort – denn es mag sehr wohl mehrere alternative oder auch sich ergänzende und verstärkende Ursachen geben! – läßt sich von dem Text der *Kritik* her nicht schwer vermuten. Die Ursache liegt in einem Denkschema, welchem nicht nur Kant, sondern offensichtlich auch viele vor und nach ihm (bis in unsere Gegenwart) aufgesessen sind. Es werden dabei etwa folgende Schritte in folgender Reihe durchlaufen:
Man hat eine Aussage von der Art

(1) ‚X ist eine Bedingung der Möglichkeit von Y'.

Dies kann man tautologisch umformulieren in

(2) ‚X ist eine notwendige Bedingung von Y'

und/oder in

(3) ‚Y nur dann wenn X' oder
(4) ‚Y nicht ohne X'.

In (1) – (4) wird in bloß unterschiedlicher Formulierung eine Abhängigkeit als notwendig behauptet und – falls die Sätze wahr sind – eine Abhängigkeit als *notwendig* erkannt. Nun glaubte Kant, wie auch Hume vor ihm und fast jedermann nach ihm, an den Grundsatz

(5) „Aus Erfahrung oder ‚empirisch' kann man nichts als notwendig erkennen. Erfahrung sagt bestenfalls ‚so und so ist es jetzt und war es bisher', aber niemals ‚es ist notwendig so und so' oder ‚es kann nicht anders sein'."

Hier liegt schon der erste Fehler in der Vieldeutigkeit der Ausdrücke ‚aus der Erfahrung' und ‚empirisch'. Falls unter ‚empirisch' naiverweise so etwas wie ‚Beobachtung ohne Theorie' verstanden wird – von der es äußerst zweifelhaft ist, ob es sie überhaupt gibt, innerhalb einer Wissenschaft gibt es sie jedenfalls gewiß nicht –, ist der Grundsatz richtig. Falls man ‚empirisch' im Sinne von empirischen Wissenschaften versteht, wo es also immer die Theorie(n) der betreffenden Wissenschaft(en) mitumfaßt, ist der Grundsatz genau genommen immer falsch: Relativ zu einer empirisch bewährten Theorie kann sehr wohl erkannt und also in diesem Sinne ‚empirisch' und *hypothetisch* erkannt werden, daß es z.B. ein be-

stimmt geartetes (z.B. bestimmte Leistungen vollbringendes) System ‚Y'
nur geben kann, wenn es die Struktur oder Teilstruktur ‚X' hat.

Glaubt man aber vage und undifferenziert an (5) und definiert man
dann ‚apriorische Erkenntnis' als ‚nichtempirische Erkenntnis', so scheint
aus der Annahme, ein Satz der Form (1) – (4) sei wahr, zusammen mit
dem Grundsatz (5) und der Definition zwingend zu folgen, daß für den
Satz der Form (1) – (4) auch gesagt werden kann, ja, sogar gesagt werden
muß

(6) ‚a priori notwendig gilt:
 oder ‚a priori notwendig ist wahr: } Y nicht ohne X'
 oder ‚a priori notwendig wird erkannt:

 oder

(7) ‚a priori notwendig gilt:
 ‚a priori notwendig ist wahr: } wenn Y dann X'
 ‚a priori notwendig wird erkannt:

Auf diese Weise wird, ohne daß man es merkt, bei Kant und vielen
anderen aus der Annahme der Erkenntnis einer notwendigen Beziehung
(i. o. a. Sinne) scheinbar unausweichlich die Notwendigkeit und Apriorität der betreffenden Erkenntnis herausgezogen. Anders gewendet: daraus
daß *in* einer Aussage eine notwendige Beziehung (= eine sachliche Notwendigkeit) ausgesagt wird, wird die Apriorität (= notwendige Wahrheit
= epistemische Notwendigkeit dieser Aussage) selbst gewonnen[6]. In (6)
kommt, wie man leicht sieht, wenn man für den darin vorkommenden
Satz (4) wieder den äquivalenten Satz (2) einsetzt, die in (1) – (4) jeweils
nur einmal auftretende Notwendigkeit nun zweimal vor: einmal als ausgesagte Notwendigkeit und einmal als Notwendigkeit der Aussage. Der
Fehler der unberechtigten Verwandlung einer ausgesagten, also behaupteten Notwendigkeit in die Notwendigkeit der Wahrheit oder Gültigkeit
(= Apodiktizität) dieser Aussage selbst liegt im Falle (7), in dem die Ver-
dopplung vermieden wird, jedoch genauso vor.

Wie die vorliegende Rekonstruktion erkennen lassen wird, wäre es
völlig falsch, Kants Theorie zu verwerfen, weil man seine irrtümlich für
sie gestellten Geltungsansprüche verwerfen muß. Die wirklichen Stärken
der Theorie und der Argumentationen für sie werden vielmehr gerade dann
erst recht sichtbar, wenn man die unsinnigen Geltungsansprüche völlig
ignoriert und ebenso die ganze damit verbundene, rational nicht rekonstruierbare Theorie der Apriorität (und übrigens auch der Analytizität).

[6] Hier ist vielleicht der geeignetste Ort, um darauf hinzuweisen, daß diese Kritik
m.E. mit der von S.A. Kripke (1972) konvergiert, ohne mit ihr identisch zu sein.

2.4 Schließlich ist auch folgendes nicht nur einer der uns wichtigen Befunde, sondern etwas, das, nachdem es gefunden war, unsere weitere Rekonstruktion mitbeeinflußte. Entgegen anscheinend weit verbreiteter Ansicht, ist die in der Erkenntnistheorie der KrV implizierte Wahrnehmungspsychologie (wie z.B. a. Böhme, 1974, S. 267/68 bemerkt) *nicht* eine atomistisch-elementaristische, sondern eher eine noch sehr vage Vorform dessen, was man seit Ende des vorigen Jahrhunderts eine Gestalt- oder Ganzheitspsychologie nennt. Die ursprüngliche Synthesis, die Synthesis des anschaulich Gegebenen, von der Kant mit Recht sagt, sie sei das erste und schon die Bedingung der Möglichkeit aller Analyse (B 103 = A 77), ist in seiner Theorie die „figürliche Synthesis" (B 151 ff.) unter den Formen des Anschauens und Denkens. Das Gegebene ist von vornherein Gestalt. Die Rede von ‚Empfindung(en)', wie die von dem ‚Material' der Anschauung ist in der *Kritik* überwiegend Ausdruck einer Abstraktion und Analyse. Und wo sie mehr ist — wie z.B. am Beginn des § 15 der Ausgabe B — ist sie bereits *immanent* falsch, z.B. mit dem Schematismus unvereinbar!

3.0 Nachdem unser Gesichtspunkt gekennzeichnet wurde, eine kurze Bemerkung zu den Methoden, die wir in dem Kant-Seminar verwenden. In diesem gehen wir Satz für Satz den Text der KrV durch, um unsere Analyse und Rekonstruktion zu ergänzen, zu vertiefen, zu überprüfen und zu korrigieren. Wir waren uns stets darüber einig, daß keinerlei willkürliche und grundsätzliche Beschränkung der verwendeten Methoden zugelassen werden sollte. Also ließen wir Anwendung und Kombination aller uns zusammen durch die verschiedene Ausbildung und Kreativität der Teilnehmer zur Verfügung stehenden Methoden der Hermeneutik, der Sprachanalyse, der logischen Analyse, der Inhaltsanalyse und aller möglicherweise relevanten Wissenschaften, kurz: jede Art intersubjektiv verstehbarer, nachvollziehbarer und nachprüfbarer Argumentation zu.

Wir haben uns deshalb auch stets nach dem für solche Unternehmen, wie das unsere, besonders wichtigen Grundsatz von W. Dilthey gerichtet, daß, wo es sich um sachbezogene Aussagen eines zu interpretierenden Textes handelt, man mit dem Autor auf die Sachen sehen, mit ihm in die Forschung an der Sache eintreten müsse. Dabei haben wir uns im Seminar bemüht, je das beste bekannte und möglicherweise relevante Wissen zu den im Text der KrV behandelten Sachen und Problemen in der Diskussion zu berücksichtigen: nicht nur das sog. philosophische und phänomenologische, sondern auch das der Psychologie, der Kulturanthropologie und anderer Sozialwissenschaften, der Verhaltensbiologie, der Linguistik, der kybernetischen Systemtheorie etc. etc. Von daher lag es z.B. nahe, den Versuch zu machen, die hypothetisch transzendentale Struktur system- und prozeß-diagrammatisch zu analysieren und zu rekonstruieren und damit gerade einen der heute interessantesten und zukunftsträchtigsten Aspekte der Theorie Kants deutlicher zu machen (wie wir hoffen!), als dies bisher je möglich war.

4.0 Statt einer vorblickenden Skizze der nachfolgenden Untersuchungen, die hier nicht nötig ist, weil die analytischen Inhaltsverzeichnisse vor den Kapiteln diese Aufgabe schon erfüllen, sollen nur kurz die Punkte unter den Ergebnissen der Arbeit herausgehoben werden, die uns einzeln oder in ihrem Ensemble das eigentlich Neue und/oder Interessante derselben zu sein scheinen.

(a) Die kritische Theorie enthält eine wesentlich *dynamische* Auffassung von Wissenschaft als einem fortschreitenden Prozeß. (s. Kap. I).

(b) Sie ist eine *nichtlineare* Auffassung von dem Verhältnis
$\boxed{\text{Subjekt} \rightleftharpoons \text{Objekt}}$ ← ‚Objekt, an sich genommen'. (s. Kap. I und III).

(c) Sie ist nicht nur ein transzendentaler Idealismus (besser paßte: Rationalismus) und empirischer Korrespondenzrealismus, sondern auch ein ontischer und ontologischer NONkorrespondenz-Realismus! und wäre ohne diesen transzendenten, metaphysischen nonkorrespondenz-*Realismus* sowohl als Theorie des fehlbaren menschlichen Erkennens absurd, als auch den Antinomien verfallen. (s. Kap. I und III).

(d) Die Anschauungsformen sind Regeln der geistigen – anschauenden – Verarbeitung sinnlich gegebener Mannigfaltigkeiten. (s. Kap. II).

(e) Die Rekonstruktion gibt eine Analyse und vollständige Formulierung der Form = Regel des Anschauens: ‚Zeit'. (s. Kap. II).

(f) Der ausgezeichnete Status, den die *Kritik* der euklidischen Geometrie zuerkennt, ist – entgegen verbreiteter Meinung – nicht der, die einzig mögliche Geometrie für uns zu sein. (s. Kap. II).

(g) Die Begründung für die Annahme der Formen des Anschauens und der Kategorien als Bedingungen der Möglichkeit des Erfahrens und der Gegenstände des Erfahrens geschieht nicht in der sogenannten ‚Deduktion' allein, sondern nur in einer Verbindung von transzendentaler Ästhetik, subjektiver und objektiver Deduktion, speziellen Deduktionen in den Analogienkapiteln, Widerlegung des Idealismus *und* Antinomienkapitel. (s. Kap. III).

(h) Das Problem des Schematismus ist das heute sogenannte Problem der pattern-recognition (Gestalterkennung). (s. Kap. IV).

(i) Die Schemata sind u.a. operationalisierende Anwendungsregeln für die Kategorien. (s. Kap. IV).

(k) Das Schema der Kausalität nimmt — unscharf — bereits H. Reichenbachs berühmtes Kennzeichnungsprinzip vorweg. (s. Kap. IV).

(l) Die Annahme einer unendlich schnellen = zeitlosen Wechselwirkung in der dritten Analogie ist mit den Kernsätzen der *Kritik* in der transzendentalen Ästhetik, im Schematismus-Kapitel und in der zweiten Analogie sowie der Unterscheidung von Anschauungsformen und Formalen Anschauungen (= bestimmten Räumen und Zeiten = räumlich-zeitlichen Gegenständen) in der Deduktion logisch *un*vereinbar. Aus dem einzigen Wechselwirkungsbegriff, der mit der transzendentalphilosophischen Erkenntnistheorie konsistent vereinbar ist, ergibt sich im Rahmen der Theorie logisch zwingend eine prinzipielle Relativität der Gleichzeitigkeit! (s. Kap. V).

(m) Die Erkenntnis- und Wissenschaftstheorie in der KrV kann nicht als eine Rechtfertigung von Newtons Mechanik angesehen werden (schon wegen (l) nicht). Sie ist äußerstenfalls Rechtfertigung einer Art von Naturwissenschaft, zu der die von Newton nur eine von mehreren und sehr verschiedenen möglichen Unterarten ist. (s. Kap. V mit Kap. III, 4.3.3 und Kap. II).

(n) Die ‚Postulate' sind Zulassungsregeln für die in allen empirischen Wissenschaften unentbehrlichen Annahmen ‚theoretischer Entitäten und Gesetze'. (s. Kap. VI).

(o) Die Texte der KrV nach Möglichkeit wörtlich und ernst nehmen und *rational* rekonstruieren heißt auch sehen, daß die als transzendental, also als *conditiones sine quibus non* angenommenen Regeln und Synthesen als wirklich realisierbare Operationen vorstellbar sein *müssen* — andernfalls wären jene bloß mystische Fiktionen oder Mythen. Es ist daher kein Zufall und kein Fehler Kants, sondern richtig und unvermeidlich, daß eine transzendental-philosophische Erkenntnistheorie von der großartigen Nüchternheit der Theorie Kants ineins eine Art transzendentale Erkenntnispsychologie ist. (s. Kap. III).

I. KAPITEL

Kants Theorie der Grundstruktur des Prozesses empirischen Erkennens und zwei darin implizierte Postulate bezüglich der Dinge, an sich genommen

1. Kant faßt Wissenschaft nicht statisch als System von wahren Sätzen, sondern *dynamisch* als einen Prozeß auf, der ein systematischer, kontrollierter Prozeß ist. 2.1 Seine Skizze der Grundstruktur dieses Prozesses. 2.2 Ergänzung und Detaillierung der Skizze in der *Methodenlehre*. 2.3 Sie enthält eine falsifikationistische Auffassung. 2.4 Blockdiagrammatische Analyse und Rekonstruktion des Systems des Erkennens bei Kant. 2.5 Erläuterungen dazu. 2.6 Der dynamische Teil des Systems hat eine offene Regelkreisstruktur mit negativer Rückkopplung. 2.7 Bemerkungen zum statischen Teil. 2.8 Bemerkungen zum Anwendungsproblem der Mathematik in Kants Theorie. 3.1 Zur transzendental-idealistischen und empirisch-realistischen Seite des Verhältnisses von Erkennendem zu ‚Natur'. 3.2 Die Theorie ist unvermeidlich auch ein transzendierender NON-korrespondenz-Realismus bezügl. der Dinge, an sich genommen. 3.3 Die Theorie bleibt dabei in sich konsistent, da ihre entsprechenden Thesen und Argumentationen aus irreführender objektsprachlicher Form in eine metasprachliche umgeformt werden können. 3.4 Ein schwaches Argument Kants für die Notwendigkeit, auch eine transzendente Realität der Dinge (an sich genommen) und deren Einfluß auf unser Erkennen zu *postulieren.* 3.5 Ein starkes Argument dafür, das in Kants Theorie der Struktur des Forschungsprozesses als Lernprozeß impliziert ist. 3.6 Kant sieht dies grob auch explizit in der Deduktion in A. 3.7 Ein zweites, in der *Kritik* nur implizit enthaltenes Postulat bezüglich der Dinge, wie sie an sich genommen sein mögen.

1.0 Kant argumentiert im Vorwort der zweiten Auflage an der berühmten Stelle, an der er die „Kopernikanische Revolution" erläutert, die seine *Kritik* in der Erkenntnistheorie vollziehen soll, in einer merkwürdig pragmatistischen Weise. Er griff damit dem Denken von Charles S. Peirce in der zweiten Hälfte des 19. Jahrhunderts und heutigem Denken über Wissenschaft erstaunlich vor. Das zeigt sich schon in dem ersten Satz der Vorrede B: „Ob die Bearbeitung der Erkenntnisse, die zum Vernunftgeschäft gehören, den sicheren Gang einer Wissenschaft gehe oder nicht, das läßt sich bald aus dem Erfolg beurteilen." (B VII).[1] Im Kontext meint

---

[1] Wie jetzt durchgängig in der internationalen Kantliteratur üblich, wird die *Kritik der reinen Vernunft* nach den beiden Originalauflagen (1. Auflage = A, 2. Auf-

,Erfolg' hier *nicht* ein endgültiges oder statisches Produkt, wie etwa eine bestimmte Theorie, sondern den Charakter systematischen Fortschreitens, der den Gang der Wissenschaft auszeichne.

Die zwei pragmatistischen (i. Sinne v. C.S. Peirce) und ganz modernen Züge, die Kants Sehweise hier zeigt, sind: (1.) Unter Wissenschaft wird nicht primär oder gar nur ein Aggregat oder System von Sätzen verstanden, die man für wahr hält, sondern ein Prozeß; und (2.) dieser Prozeß ist dadurch des Näheren als ein wissenschaftlicher gekennzeichnet, daß es sich bei ihm um eine eigentümliche Art von systematischem, kontrolliertem Progreß handelt.

2.1 Glaubt man eine solche Sehweise aus dem zitierten Text und seinem Kontext herauslesen zu können, so wird man erwarten dürfen, in der *Kritik* auch eine Antwort auf die Frage zu finden: Welches ist die Struktur dieses Prozesses, die ihm die eigentümliche dynamische Eigenschaft gibt, systematischer Progreß zu sein? Eine Antwort hierauf gibt schon B XII – XIV mit einer großzügigen Skizze dieser Struktur. In ihr schreibt Kant,

„daß die Vernunft nur das einsieht, was sie selbst nach ihrem Entwurfe hervorbringt, daß sie mit *Prinzipien* ihrer Urteile nach beständigen *Gesetzen* vorangehen und die *Natur* nötigen müsse, auf ihre *Fragen* zu antworten, nicht aber sich von ihr allein gleichsam am Leitbande gängeln lassen müsse; denn sonst hängen zufällige, *nach keinem vorher entworfenen Plane gemachte Beobachtungen* gar nicht in einem notwendigen Gesetze zusammen, welches doch die Vernunft *sucht und bedarf*. Die Vernunft muß mit ihren Prinzipien, nach denen allein *übereinkommende Erscheinungen* für Gesetze gelten können, in einer Hand, und mit dem *Experiment*, das sie nach jenen ausdachte, in der andern, *an die Natur gehen, zwar um von ihr belehrt zu werden*, aber nicht in der Qualität eines Schülers, der sich alles vorsagen läßt, was der Lehrer will, sondern eines bestallten Richters, der die Zeugen nötigt, auf die Fragen zu antworten, die er ihnen vorlegt." (B XIII, Hervorhebungen v. mir.)[2]

Diese Beschreibung kann mit einigen Details aufgefüllt werden, wenn man in die *Transzendentale Methodenlehre* schaut.

2.2 Nach dem, was Kant dort sagt, kann eine Meinung über die Wirklichkeit von Gegenständen oder Ereignissen, die nicht selbst gegeben, also erfahren oder erfahrbar, sind, nur dann eine ‚Hypothese' genannt

---

lage = B) zitiert, deren Seitenzahlen man am Rand jeder guten neueren Auflage angezeigt findet. (B VII) ist also zu lesen als: 2. Auflage, S. VII.

[2] Vgl. a. *Kritik d. prakt. Vern.* A 290/291.

werden, wenn sie den angenommenen Gegenstand mit etwas, das wirklich gegeben ist, als Erklärungsgrund oder als Folge in Verknüpfung bringt (B 798 u. 803). In Übereinstimmung mit den *Postulaten empirischen Denkens überhaupt* in der *Analytik der Grundsätze* fährt er dann in der Methodenlehre so fort:

„Zur Erklärung gegebener Erscheinungen können keine anderen Dinge und Erklärungsgründe, als die, so nach schon bekannten Gesetzen[3] der Erscheinungen mit den gegebenen in Verknüpfung gesetzt worden, angeführt werden." (B 800). Als solche Hypothesen dürfen „nur physische" (lies: physikalische), nicht „hyperphysische, d.i. die Berufung auf einen göttlichen Urheber" zugelassen werden. (B 801). „Das zweite erforderliche Stück zur Annehmungswürdigkeit einer Hypothese ist die Zulänglichkeit derselben, um daraus a priori (lies: deduktiv logisch) Folgen, welche gegeben sind, zu bestimmen." (B 802). Genau genommen wäre allerdings „der *modus ponens*, auf die Wahrheit einer Erkenntnis aus der Wahrheit ihrer Folgen zu schließen, nur alsdann erlaubt, wenn alle möglichen Folgen daraus wahr sind; denn alsdann ist zu diesen nur ein einziger Grund möglich, der also auch der wahre ist. Dieses Verfahren aber ist unthunlich, weil es über unsere Kräfte geht, alle möglichen Folgen von irgend einem angenommenen Satze einzusehen; doch bedient man sich dieser Art zu schließen, obzwar mit einer gewissen Nachsicht, wenn darum zu thun ist, etwas bloß als Hypothese zu beweisen, indem man den Schluß nach der Analogie einräumt: daß wenn so viele Folgen, als man nur immer versucht hat, mit einem angenommenen Grunde wohl zusammenstimmen, alle übrigen möglichen auch darauf einstimmen werden. Um deswillen kann durch diesen Weg niemals eine Hypothese in demonstrierte Wahrheit verwandelt werden. Der *modus tollens* der Vernunftschlüsse, die von den Folgen auf die Gründe schließen, beweist (hingegen) nicht allein ganz strenge, sondern auch überaus leicht. Denn wenn auch nur eine einzige falsche Folge aus einem Satze gezogen werden kann, so ist dieser Satz falsch." (B 818–819).

2.3 Man erkennt hier leicht die Vorwegnahme der Grundvorstellung des modernen Falsifikationismus von C.S. Peirce oder Karl Popper. Nach ihr trägt die Wissenschaft, geleitet durch die ihr eigenen Interessen (A)[4]

---

[3] Hier kann man für ‚Gesetze' nach B 273 wohl ‚Analogien' lesen. Liest man es dagegen als ‚empirische Gesetze', so wird die zitierte Forderung Kants durch die unmittelbar vorangehende Restriktion auf ‚schon bekannte' Gesetze zu konservativ, um noch als plausibel akzeptierbar zu sein. Denn in dem Prozeß der Naturwissenschaften wurden und werden ja auch neue Gesetzeserkenntnisse gewonnen – was Kant sicher nicht leugnen oder gar verbieten wollte!
[4] Die in Klammern gesetzten großen und kleinen Buchstaben verweisen auf die mit diesen Buchstaben gekennzeichneten Blöcke = Subsysteme in dem System,

und Prinzipien (b), nicht nur Fragen (a), sondern zu deren Beantwortung auch allgemeine Hypothesen (h + b) und Theorien (i), ‚die nicht aus Erfahrungen hergeleitet werden können', aktiv an die Erfahrungen heran. Sie tut dies, indem sie aus Theorien (i) und Hypothesen (h + b) und Sätzen über die Umstände ihrer Anwendung (= Anfangs- und Randbedingungen) logisch (mit Hilfe von BL) und evtl. mathematisch (mit Hilfe von BM) Voraussagen (c) herleitet. Diese beschreiben Erfahrbares, sind also an der Erfahrung überprüfbar. Es seien nun die unter den Prämissen der Voraussage aufgezählten Umstände hergestellt oder eingetreten (d → E → e). Entspricht dann der Befund (f) über die eingetretene Wahrnehmung (e) nicht der Voraussage (c), so liegt eine Falsifikation der Konklusion (c) eines deduktiven Schlusses (i + h + b → c) vor. Deshalb kann nun deduktiv darauf zurückgeschlossen werden, daß mindestens eine der für die Ableitung benützten Prämissen falsch sein muß. In günstigen Fällen, in denen aller Anlaß besteht, weder den theoretischen Hintergrund noch die Sätze über die Umstände (= Anfangs- und Randbedingungen) oder das Schlußverfahren anzuzweifeln, ergibt sich solchermaßen indirekt die Falsifikation der im Experiment überprüften Hypothese (b). Diese muß dann so lange verändert oder durch ganz andere Hypothesen ersetzt werden, bis man eine hat, deren Konsequenzen (= Voraussagen: c) durch die entsprechenden, experimentell oder beobachtend gemachten Erfahrungen (e, f, g) nicht falsifiziert werden.

2.4 Um alle Zusammenhänge zwischen A, B, C, D und E sowie, innerhalb der dynamischen Subsysteme C und D, zwischen a, b, c, d, e, f, g, h und i, die sich so ergeben, übersichtlich zusammenzufassen und die allgemeine Grundstruktur des Zusammenhangs aller dieser Subsysteme und Faktoren entsprechend der Theorie Kants darzustellen, benutzen wir versuchsweise einen sogenannten gerichteten Graphen in Form eines Blockdiagramms.

Wenn wir uns dabei im wesentlichen an die bisher zitierten Stellen halten, gelangen wir in rationaler Rekonstruktion zu einer Struktur etwa wie der in dem Diagramm von Figur 1.

2.5 Der obere Teil greift mit dem, was bezüglich BL und BM zwischen den Blöcken = Subsystemen A und B einerseits und D andererseits eingezeichnet ist, auf spätere Teile der Rekonstruktion und auf noch nicht angezogene Teile der *Kritik* vor. Er besagt unter anderem:

das in Fig. 1 blockdiagrammatisch analysiert bzw. rekonstruiert ist. Bei den nachfolgenden Sätzen vergleicht man am besten ständig diese Figur (s. S. 29).

I.2.5

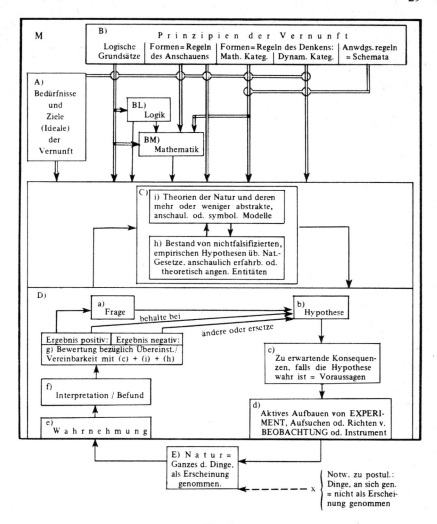

Figur 1

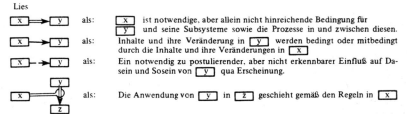

Lies

	als:
x ⟹ y	x ist notwendige, aber allein nicht hinreichende Bedingung für y und seine Subsysteme sowie die Prozesse in und zwischen diesen.
x → y	Inhalte und ihre Veränderung in y werden bedingt oder mitbedingt durch die Inhalte und ihre Veränderungen in x
x ⇢ y	Ein notwendig zu postulierender, aber nicht erkennbarer Einfluß auf Dasein und Sosein von y qua Erscheinung.
x – y/z	Die Anwendung von y in z geschieht gemäß den Regeln in x.

(1.α) Die logischen Prinzipien (für Kant vor allem die Sätze der Identität und des ausgeschlossenen Widerspruchs) sind notwendig und ausreichend, um unter Leitung der Bedürfnisse und Interessen der Vernunft die Logik aufzubauen. β) Sie sind notwendige, aber nicht ausreichende und überdies nur negative Bedingungen (= Regeln) der Verarbeitungsprozesse in $D \rightleftharpoons C$, damit also auch der Erfahrung und Erfahrungswissenschaften, die in diesen konstituiert werden.
(2.α) Die logischen Prinzipien *und* die Prinzipien der Mathematik, also die Formen = Regeln des Anschauens (,Raum' und ,Zeit') *und* die mathematischen Kategorien mit ihren Schemata, sind zusammen notwendige und ausreichende Bedingungen, um unter Leitung der Bedürfnisse und Interessen der Vernunft die Mathematik aufzubauen. β) Die eben genannten Prinzipien, Formen, Kategorien und Schemata sind auch zusammen *nicht* ausreichende, sondern nur notwendige Bedingungen, nämlich Regeln der Verarbeitungsprozesse in $D \rightleftharpoons C$.
(3.) Auch wenn zu den in (2.) genannten Prinzipien etc. noch die dynamischen Kategorien und ihre Schemata dazugenommen werden, haben wir es immer noch nur mit notwendigen und nicht mit ausreichenden Bedingungen der Verarbeitungsprozesse in $D \rightleftharpoons C$ und also der Erfahrung und der Erfahrungswissenschaften zu tun.

2.6 Der in diesem Kapitel vornehmlich interessierende Teil ist der untere, dynamische Teil des Systems der Figur 1 mit den Blöcken C, D, E und X.
(4.) Man sieht sofort, daß

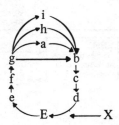

eine sog. offene Kreisstruktur bilden: an dem Block E wirkt in den Kreis ein (von ihm) unabhängiger Einfluß (von X) hinein.
Da die KrV in B 818—819 betont, daß die Überprüfung von Hypothesen primär, wenn auch keineswegs nur, durch Anwendung des *modus tollens*, also der Falsifikation, arbeitet, kann man in einer passenden modernen Ausdrucksweise sagen, daß das oben (unter (4.)) genannte dynamische Subsystem genauer die Struktur eines offenen Regelkreises

mit *negativer Rückkopplung* hat. Für ‚negative Rückkopplung' kann man auch schlichter ‚Gegenkopplung' sagen. Im Beispielsfall ist damit gemeint, daß in dem Subsystem jeder Abweichung von f (Befund) gegenüber c (Voraussage) durch Änderungen in b (und evtl. darüber hinaus in a, h und i) *entgegengewirkt* wird. Nichtübereinstimmung, insbesondere aber Unvereinbarkeit von f mit c wird also als ‚Störung' behandelt und durch Änderungen in b usw. ausgeregelt.

2.7 Von der modernen Erkenntnis- und Wissenschaftstheorie her fällt auf, daß es keine aufwärtsgehenden einfachen Pfeile, also keine Rückwirkung auf, keine Rückkopplung (negativ oder positiv) von D ⇌ C und somit von Erfahrung und Erfahrungswissenschaft zu A, B, BL und BM gibt. Dies gibt die sicherlich heute zu kritisierende (weil rational nicht rekonstruierbare), aber nicht zu ignorierende Tatsache wieder, daß in Kants Erkenntnis- und Wissenschaftstheorie sowohl die Ziele = Ideale der Vernunft wie ihre Prinzipien *a priori* apodiktisch, unveränderlich, ein-für-alle-mal gelten und ebenso die auf ihnen angeblich rein *a priori* errichteten Wissenschaften der Logik und der Mathematik.

2.8 Man könnte meinen, dies müsse für eine Wissenschaftstheorie doch die Anwendbarkeit von Logik und Mathematik zu einem sehr schwierigen Problem machen. Wie man in dem Graphen jedoch sozusagen unmittelbar sieht, gibt es hier für Kants Theorie dennoch kein Problem: Die Anwendbarkeit von Logik und Mathematik ist garantiert — quasi in das System eingebaut —, weil in ihm die Bedingungen der Möglichkeit von Logik und Mathematik zugleich auch Bedingungen der Möglichkeit von Anschauung, Erfahrung und Erfahrungswissenschaft sind. Eben dies tun insbesondere die sog. ‚*transzendentalen Erörterungen*' von Raum und Zeit in der *Transzendentalen Ästhetik* und die sog. ‚*Deduktion*' in der *Transzendentalen Analytik* dar.

Auf viele weitere interessante Eigentümlichkeiten könnte schon hier als in dem Graphen sichtbar gemachte hingewiesen werden. Das Gesagte genügt aber zunächst für das Verständnis der Argumentationen, die nun zur Klärung eines Punktes und Beantwortung eines vieldiskutierten Problems von besonderer Schwierigkeit und Wichtigkeit vorgetragen werden sollen.

3.1 Dieser problematische Punkt betrifft den Block E = Natur und die verschiedenen Pfeile, die zu ihm und/oder von ihm kommen. Durch die eingezeichneten Pfeile zeigt der Graph, daß nach Kants Theorie die Natur, die wir wahrnehmen (s. E→e) und in die wir — gezielt beobachtend und experimentierend — verändernd eingreifen (s. d→E), für uns die von uns erfahrene und erfahrbare Natur ist. Diese Natur, als anschaulich phänomenale wie als begrifflich gedachte, ist somit für uns durch die Prinzipien der Vernunft (= B) und mit Hilfe der hypothetischen empirischen Gesetze und Entitäten, die wir uns gemäß jenen Prinzipien selbst ausdenken (h, i, b), „konstituiert". (Dies ist die transzendental-idealistische Seite der Theorie Kants.) Zugleich zeigt der Graph aber auch, daß die Vernunft durch A, B, C und D nicht vollständig und allein bestimmt, was die Natur für sie ist, sondern doch auch „zu der Natur gehen" und „von dieser lernen muß ... wovon sie (die Vernunft) für sich selbst nichts wissen würde" (B XIV). (Das ist die empirisch-realistische Seite der Theorie Kants.)

3.2 Um es in passenden modernen Termini zu sagen: Der Block ‚Natur' muß eine wirkliche Quelle der Information für das System ‚Mensch' (M) sein. Eben dies muß in der Sprache des gerichteten Graphen dadurch ausgedrückt werden, daß er ein Block mit einem zweiten, von M *unabhängigen* Input ist. Die Unabhängigkeit des Inputs wird graphisch gezeigt, indem zwar ein (durchbrochener) Pfeil zu ‚Natur' und damit indirekt zu M hinführt, aber *kein* Pfeil von M oder E zu X, also zu dem Ursprung des durchbrochenen Pfeils hinführt.

Der Term ‚Natur' bezeichnet in Kants Theorie das geordnete Ganze der Dinge, WIE sie von uns erfahren oder erfahrbar sind „als Gegenstände der Sinne und des Verstandes" (Fn. B XVIII). Die Terme ‚X' oder ‚Dinge an sich' bezeichnen — freilich nur extensional, nur numerisch! — „eben dieselben" Dinge, „WIE sie an sich (genommen) sein mögen" (B 235 u.v.a.), d.h. WIE sie „*ohne* Rücksicht auf die Beschaffenheit unserer Sinnlichkeit" (B 44) sind = „*unangesehen* der Art, dieselben anzuschauen" (B 55), zu denken und zu erfahren. Die Welt, die wir erfahren und erkennen, ist also nur numerisch oder extensional auch die Welt, die als an sich existierend postuliert werden muß. Erkannt wird sie aber natürlich nur WIE sie eben für uns erkennbar ist und *nicht* WIE sie unabhängig von unserem sie Erkennen ist. Die graphische Separierung des X von dem Block ‚Natur' dient ausschließlich der graphischen Formalisierung der Unabhängigkeit der Dinge qua an sich existierender und ihrer Unerkennbarkeit WIE sie, an sich genommen, sein mögen. Hier wird also keineswegs der KrV eine Zweiweltentheorie untergeschoben. Es gibt in ihr nicht eine erkennbare und phänomenale Welt und dann noch eine zweite, von der ersten getrennt existierende und unerkennbare Welt an sich. Vielmehr hält sich unsere Rekonstruktion an den Text, der einleuchtend und eindeutig von zwei Aspekten auf numerisch eine Welt spricht.[5]

[5] B XVIII/XIX Fn., XXVII; vgl. a. XX, XXVI, 55, 59, 69 u. Fn. 69/70, 164,

Kants Theorie ist hier viel weniger mystisch und viel einleuchtender als die, die ihm meist zugeschrieben wird. Es gibt nach Kants Theorie gerade *keine* unerkennbaren Dinge hinter den Dingen, wie sie erkannt werden. Es sind die Dinge selbst, die uns erscheinen und erkannt werden — aber selbstverständlich eben so, wie sie erscheinen und erkannt werden und *nicht so, wie sie nicht* erscheinen und nicht erkannt werden. Man hat zu oft übersehen, worauf auch G. Prauß (1974 a und b) neuerdings energisch und ausführlich hingewiesen hat: „Die Dinge, wie sie an sich genommen sein mögen", das sind *per definitionem* „die Dinge, nicht als Erscheinung" = „nicht wie sie erscheinen" genommen.

Man sieht hier, worauf wir im weiteren noch öfter zurückkommen werden: Kants Theorie hat nicht nur eine Seite, die man mit ihm ‚Transzendentalen Idealismus' nennt, und, untrennbar davon, eine Seite, die man mit ihm ‚Empirischen Realismus' nennt. Sie hat auch eine dritte, von beiden untrennbare Seite, der er keinen Namen gegeben hat und die man am genauesten als Transzen*denten* NONkorrespondenz-Realismus[6] bezeichnen würde. Die Dinge, wie wir eben gesehen haben, existieren nach seiner Theorie nicht nur empirisch real, sondern sie müssen auch notwendig als an sich genommen = nicht als empirische Erscheinung genommen = als transzen*dent* real *gedacht*, genauer: postuliert werden. Kant hat hierfür zwei Argumente, ein schwaches und ein starkes. Sie sollen unten, in 3.4—6, betrachtet werden.

3.3 Die Dinge, an sich selbst = transzendent genommen, sind nicht etwa bloß zufällig oder analytisch definiert als die ‚Dinge', *nicht* als Erscheinung und *nicht wie* sie erscheinen genommen! Kant zeigt vielmehr in der *Transzendentalen Dialektik*, in dem Kapitel über die *Antinomien* und deren Vermeidung: Jede Theorie gerät unvermeidlich in Antinomien

---

178, 235, 251/52, 312; A 139, 190, 206, 251—256, 385, 28, 38, 42.

[6] Dieser Ausdruck findet sich bei Kant selbst nicht, aber das, was er meint, ist auch bei Kant direkt ausgesprochen. Z.B. in den *Prolegomena*, A 62—64 (= letzte drei Absätze der Anmerkung II zum ersten Teil). Dort protestiert er, daß man seinen Lehrbegriff nicht bloß deshalb idealistisch heißen könne, „weil ich finde, daß ... alle Eigenschaften, die die Anschauung eines Körpers ausmachen, bloß zu seiner Erscheinung gehören; denn die Existenz des Dinges, das erscheint, wird dadurch nicht wie beim wirklichen Idealism aufgehoben, sondern nur gezeigt, daß wir es, wie es an sich selbst sei, durch Sinne gar nicht erkennen können.
Ich möchte gerne wissen, wie denn meine Behauptungen beschaffen sein müßten, damit sie nicht einen Idealism enthielten. Ohne Zweifel müßte ich sagen: daß die Vorstellungen vom Raume nicht bloß dem Verhältnisse, was unsere Sinnlichkeit zu den Objekten hat, vollkommen gemäß sei, denn das habe ich gesagt, sondern daß sie sogar *dem Objekt völlig ähnlich* sei; eine Behauptung, mit der ich keinen Sinn verbinden kann, ...". Warum er damit keinen Sinn mehr verbinden konnte, darüber sogleich in Sektion 3.3.

= unauflösliche Selbstwidersprüche, wenn sie den Dingen, WIE sie unabhängig von uns und unserem sie Wahrnehmen und Erkennen, also ‚an sich oder absolut genommen' sein mögen, irgendwelche Prädikate (Eigenschaften oder Beziehungen) mit Erkenntnisanspruch zuspricht, die ihnen als Erscheinenden, also so, wie sie von uns wahrgenommen, erfahren und erkannt werden, oder relativ auf uns, sehr wohl zukommen.

Auf diese Weise kann die kritische Erkenntnistheorie die Notwendigkeit anerkennen, ja betonen, eine von uns unabhängige, also transzendente Realität der Dinge zu postulieren. Dabei gerade kann sie in sich und aus sich folgerichtig argumentieren. Sie bleibt in sich konsistent, weil sie richtig erkennt, daß wir von den Dingen, als transzendent real genommen, nur einiges postulieren müssen, aber nichts wissen = nichts mit Erkenntnisanspruch aussagen können. Daß die *Kritik* in diesem zentralen Punkt konsistent bleibt, wird hier freilich nur darum deutlich, weil die entsprechenden Behauptungen Kants nun sorgfältiger und richtiger als bei ihm formuliert wurden. Sie wurden *nicht objektsprachlich* formuliert, als Aussagen über Eigenschaften und darüber, ob die Dinge diese Eigenschaften haben oder nicht, *sondern metasprachlich*, als Aussagen darüber, was man von den Dingen postulieren und mit oder ohne Erkenntnisanspruch sagen darf, kann oder muß!

3.4 Nun müssen noch die beiden Argumente — ein schwaches und ein starkes — für die Notwendigkeit = Unvermeidlichkeit des Postulates einer transzendenten Realität der Dinge und ihres Einflusses auf unser Erkennen untersucht werden. Das schwache Argument formuliert die *Kritik* folgendermaßen:

„(wenngleich) wir von keinem Gegenstande *als* Dinge an sich selbst, sondern *nur sofern er* Objekt der sinnlichen Anschauung ist, d.i. *als* Erscheinung, Erkenntnis haben können, ..." werden „wir *eben dieselben* Gegenstände auch als Dinge an sich selbst ... doch wenigstens müssen denken können. Denn sonst würde der ungereimte Satz ... folgen, daß Erscheinung ohne etwas wäre, was da erscheint." (B XXVI–XXVII, vgl. a. A 251/252; Hervorhebung v. mir).

Dieses Argument unterliegt dem Einwand, daß seine scheinbare Überzeugungskraft möglicherweise nur aus der Grammatik der indoeuropäischen Sprachen stammt. Vielleicht ist es nicht die Sache, sondern nur diese Art von Grammatik, die, da Kant und wir mittels einer indoeuropäischen Sprache philosophieren müssen, uns zwingt, zu dem Verb ‚erscheinen' ein Etwas = Satzsubjekt oder Objekt zu denken, das da erscheint.

3.5 Das zweite, starke, Argument steckt unformuliert in dem Schematismuskapitel (darüber unten in Kap. IV), in den oben ausführlich zitierten Passagen B XIII—XIV und B 818—819 und in den zahllosen Passagen, in denen er sagt, daß weder die Konfigurationen in Einzelerfahrungen noch die empirischen Gesetze ihrer Verbindungen aus den ‚apriorischen' Prinzipien der Vernunft, also den Anschauungsformen und Kategorien, Schemata und Grundsätzen deduktiv abgeleitet werden können.[7] „Es muß Erfahrung dazukommen, um (jene) überhaupt kennenzulernen." (B 165) Die konkreten Konfigurationen und Veränderungen und deren Gesetze gehören zu dem, was die Vernunft, ihren Prinzipien gemäß, in der Natur „suchen (nicht ihr andichten)" muß, zu dem also, was die Vernunft „von der Natur lernen muß", weil sie bloß a priori „für sich selbst davon nichts wissen würde". Wie dieses Lernen aber sich vollzieht, nämlich durch Falsifikation, haben wir bei Kant selbst in B 818—819 ausdrücklich gelesen und in dem Graphen (S. 29) seiner Struktur nach anschaulich gemacht. Danach wird in Kants Erkenntnis- und Wissenschaftstheorie davon ausgegangen, daß die Natur, wie sie erfahren wird, die Voraussagen und Erwartungen enttäuschen kann, die doch logisch auf den apriorischen Prinzipien der Vernunft und den von ihr selbst diesen gemäß ausgedachten Hypothesen beruhen. Mit anderen Worten, es kann stets eine Diskrepanz zwischen dem Inhalt von c (der Voraussage) und f (dem Befund) auftreten, obwohl dieser doch von jener nicht gänzlich unabhängig ist. Denn, wie man in dem Diagramm sieht, gibt es ja eine durchgängige Kette des Einflusses $c \to d \to E \to e \to f$ und auch eine durchgängige Abhängigkeitsreihe $f \to g \to b \to c$ ..., und überdies stehen die Prozesse und „Handlungen des Verstandes" in beiden Reihen unter denselben Prinzipien = Regeln der Logik, des Anschauens und des Denkens. Wer möchte überdies oder könnte ernsthaft bestreiten, daß es in der Tat solche Diskrepanzen, also Irrtum, Täuschung, Illusionen etc. in unseren Erkenntnisprozessen ständig gibt!? Sie sind aber bei einer Theorie von der Art der Kantischen (und was die Blöcke D und E betrifft, gibt es überhaupt keine Wissenschaftstheorie mehr, die nicht irgendeine Variante dieser *Art* ist!) logisch nur dann als möglich erklärbar, wenn man annimmt (postuliert), daß es zwischen c und f einen von dem System $M \rightleftharpoons E$ unabhängigen Input gibt, also etwas, ein X, *das von* $M \rightleftharpoons E$ unabhängig ist, *von dem* umgekehrt $M \rightleftharpoons E$ aber nicht unabhängig ist. Genau dies wird in dem Graphen durch den gebrochenen Pfeil wiedergegeben.

---

[7] Siehe z.B. A 8, 100/01, 127/28; B 12, 75, 123/24, *165*, 198, 213, 219, 263, 508/09, 520/21, 681/82, 748—751, 794, *798*, 800/01.

3.6 Man sieht so anschaulich deutlich, daß Kant völlig recht hat, wenn er unentwegt davon spricht, man müsse postulieren, daß die Dinge, als an sich selbst existierende, uns ‚affizieren‘, und wenn er in der ‚Deduktion‘ der ersten Auflage, A 104, direkt und explizit sagt:

„Wir finden aber, daß unser *Gedanke* von der Beziehung aller Erkenntnis auf ihren Gegenstand (gemeint ist hier „der Gegenstand *außer* der Vorstellung" ibid.) etwas von *Notwendigkeit* bei sich führe, da nämlich dieser als *dasjenige* angesehen wird, *was dawider ist*, daß unsere Erkenntnisse ... aufs Gerathewohl oder beliebig ... a priori ... bestimmt sind" und also erzwingt, daß sie „a priori *auf gewisse Weise* bestimmt sind." (Ich habe hier nur die grammatikalisch falsche doppelte Verneinung aus den ersten Pünktchen weggelassen sowie die verwirrende und den Satz vage machende Einschachtelung der letzten, zitierten Zeile in die vorletzte aufgelöst. Wozu freilich eine Wiederholung der Wörter ‚a priori‘ und ‚bestimmt sind‘ nötig war. Die Hervorhebungen ebenfalls von mir.)

Man muß sich zum rechten Verständnis dieser Stelle nur klar machen und kann dies leicht mit Hilfe des Graphen der Figur 1 (s. S. 29): In einer transzendental-idealistischen Theorie der synthetischen Gegenstandskonstitution wäre, wenn man den unabhängigen Einfluß von den Dingen, als an sich genommenen, wegstreicht, die Gegenstandskonstitution rein a priori und beliebig. Denn dann wären alles Vorstellen und alle vorgestellten Gegenstände *ausschließlich, bis ins letzte Detail*, von den apriorischen Formen = Regeln des Vorstellens und der unter diesen Regeln produktiven und reproduktiven Einbildungskraft bestimmt. Und die von Kant zuerst — wenngleich aus falschen Gründen — angenommene, zentrale Rolle der produktiven und reproduktiven Einbildungskraft auch in der normalen Wahrnehmung (s. Fn. A 120) war und ist kein Hirngespinst! Daß Einbildung eine konstitutive Rolle auch in der normalen Wahrnehmung spielt, ist vielmehr durch die neuere experimentelle Wahrnehmungspsychologie in vielen Hinsichten und Weisen bestätigt und detailliert worden. Aus Kants Erkenntnis ihrer Rolle aber ergibt sich schon das Problem: Wie ist es dann möglich, daß es schon vorwissenschaftlich den Unterschied zwischen ‚Wahrnehmung‘ und ‚bloßer Einbildung‘ für uns gibt? Auch diejenigen unserer anschaulich reproduktiven und produktiven Vorstellungen, die ‚bloße Einbildungen‘ sind, entsprechen ja sowohl den Anschauungsformen (sind räumlich-zeitliche Gestaltungen) als auch den Kategorien (sind dinglich-vorgänglich, kausal strukturierte Gestaltungen) — sonst könnten sie uns gar nicht (irrtümlich) als Wahrnehmungen erscheinen. Wie ist es also möglich, daß es sowohl Wahrnehmung als auch Illusionen, sowohl ‚richtige‘ oder ‚wahre‘ Konstitution von anschaulichen Gegenständen und ihren empirischen Zusammenhän-

I.3.6

gen als auch ‚falsche', ‚irrtümliche' oder ‚illusionäre' Konstitution solcher Gegenstände und Zusammenhänge für uns immer schon gibt? Mit einer späteren Formulierung von Kant selbst: wie ist es möglich, daß „der richtige Gebrauch dieser Begriffe und Grundsätze (die) zum Behuf der Erfahrungserkenntnis ... (a priori im Verstand liegen) ... (durch) die Erfahrung ... immer *bestätigt oder berichtigt wird*, ...?" (*Fortschr.*, 1. Aufl., Einl., S. 12; Hervorhebungen u. gram. Umstellg. i. d. Klammer v. mir.)

In B 279 (s. a. Fn. B XL – XLI) sagt Kant dazu: „Ob diese oder jene vermeinte Erfahrung nicht bloße Einbildung sei, muß nach den *besonderen* Bestimmungen derselben und durch Zusammenhaltung mit den Kriterien aller *wirklichen* Erfahrung ausgemittelt werden." Die beiden Hervorhebungen sind von mir. Sie unterstreichen Ausdrücke, die in Kants Theorie und Sprachgebrauch implizieren, daß es sich um empirische Bestimmungen und Kriterien handelt. Sie zeigen so bereits an, daß Kant nicht dem Irrtum verfallen war, man könne nach den Anschauungsformen (AF) und Kategorien (DF) *allein* zwischen Erfahrung und ‚bloßer Einbildung' unterscheiden. Die AF und DF sind in Kants Theorie Formen = Regeln der synthetischen Verarbeitung (A 1 u. B 1) = des Ordnens (A 20 = B 34), und zwar der falschen, irrtümlichen, bloß einbildenden Verarbeitung ebensowohl wie der richtigen und wahren Verarbeitung von Material, das wir uns sinnlich geben lassen müssen, d.h. *nicht* selbst in der Vorstellung ursprünglich erzeugen können.

Um also überhaupt erklären zu können, wie es den Unterschied zwischen Wahrnehmung und *bloßer* Einbildung für uns geben kann, muß offenbar etwas angenommen (gedacht) werden, das
(a) unabhängig ist von den Synthesen des *stets* (auch bei der Wahrnehmung!) notwendigen Einbildens unter den AF und DF,
(b) von dem aber umgekehrt die Rezeptivität und die mit ihr schon im Wahrnehmen verbundene Spontaneität, also die obengenannten Synthesen, in ihrem Verlauf und damit in ihrem Produkt nicht völlig, sondern nur relativ unabhängig sind.

Nur so, nur wenn ein solches Etwas angenommen wird, kann die Möglichkeit erklärt werden, daß wir Synthesen, die unter der transzendentalen Leitung der AF und DF geschehen sein müssen, durch weitere Erfahrung, die ebenfalls unter der transzendentalen Leitung *derselben* AF und DF stehen, dennoch als falsch, illusionär oder ‚bloße Einbildung' bemerken und erkennen können.

Andernfalls könnte das Vorgestellte offenbar niemals anders sein, als wir es in dem Vorstellen intendieren. Alles Vorstellen müßte dann Fingieren sein. Und dieses Fingieren würde in der Tat seine Gegenstände „aufs Geratewohl oder beliebig a priori bestimmen" können. Denn auch für Konsistenz alles Vorgestellten miteinander könnte in einer ‚Welt‘, in der alles, bis ins Letzte, stets nur genau so sein kann, wie wir es vorstellen, keinerlei Bedürfnis oder gar Notwendigkeit bestehen, da Inkonsistenz keine negativen Folgen für uns haben könnte.

Es könnte daher dann auch nicht einmal die relativste Differenzierung von relativer Wahrheit und relativem Irrtum für uns geben. Anders gewendet: Es würde ohne die postulatorisch angenommene Abhängigkeit (Kant: ‚Affektion‘) mindestens unserer Wahrnehmungsvorstellungen *auch* von einem (seinerseits von diesen unabhängigen) X die unleugbarste Tatsache der Erkenntnis und Erfahrung unerklärlich werden: Die Tatsache nämlich, daß die Gegenstände unserer Erfahrung *nicht eo ipso* so sind oder ausfallen, wie sie nach unseren, den AF und DF gemäßen Vorstellungen (Wahrnehmungen, Hypothesen, Theorien, vgl. auch B 818/19 u. A 127/28) und den daraus für die betreffenden Erfahrungen folgenden Erwartungen sein müßten, wenn die Gegenstände aller Erfahrung von gar nichts anderem her mitbestimmt würden, als nur von unserem Anschauen und Denken und dessen Regeln und Gesetzen (AF und DF).

Mit anderen Worten: Die Existenz des unbestimmbaren, weil unabhängigen X als eines solchen, von dem umgekehrt das Wahrnehmen und das Wahrgenommene *nicht unabhängig ist*, ist für Kants Theorie – wie übrigens für jede Theorie menschlicher Erfahrungserkenntnis, die Erfahrung erklären und nicht wegerklären will – *ein minimal notwendiges aber bloß gedachtes Postulat*, das prinzipiell nie mehr sein kann, als bloß gedachtes Postulat. Denn wäre das X selbst erkennbar oder würde es als erkennbar angenommen, so wäre es kein unabhängiges X und könnte also gerade *die* Funktion nicht erfüllen, zu deren Erfüllung es allein notwendig postuliert werden muß.

3.7 Wenn das alles richtig ist, dann muß man im- oder explizit nicht nur die auch transzendent reale Existenz der Dinge postulieren und als unerkennbar anerkennen. Man muß vielmehr, wie es scheint, aus den gleichen Gründen auch postulieren, daß die Dinge (an sich genommen) und die mit ihnen zu postulierende Affektion unserer Sinnlichkeit durch sie irgendeine unabhängige und als solche unerkennbare Ordnung haben. Es geht um die schon bisher im Mittelpunkt unserer Rekonstruktion stehende Tatsache des empirischen, durch Gegenkopplung sich selbst kontrollierenden und korrigierenden Lernens aus Erfahrung (zu dem auch alle wissenschaftliche Forschung gehört). Diese Grundtatsache des Lernens durch gezielten Versuch mit Irrtum-Korrektur-und-Erfolg, ohne die man nicht einmal ein Recht hätte, überhaupt von *empirischer* Wissenschaft zu sprechen, kann offensichtlich nicht erklärt werden, wenn der unabhängige Einfluß auf die Natur, wie sie erfahren wird, nicht *mehr* bestimmt als bloß das Auftreten völlig formloser, zusammenhangsfreier sinnlicher Mannigfaltigkeiten für die Erfahrung.

Absolut ungeordnete, bloß hyletische Mannigfaltigkeiten als das allein empirisch gegebene bloße Material für eine ausschließlich apriorische Formung anzusehen, wie es der berühmte erste, leider fast alle Kantinterpreten hypnotisierende Absatz der transzendentalen Deduktion, B 129–130, tut, ist eindeutig, *und zwar schon aus immanenten Gründen* in der Theorie Kants *falsch*! Solche Mannigfaltigkeiten könnten nämlich offenbar unmöglich irgendeiner Weise, sie gemäß den Anschauungsformen und Kategorien zu ordnen und zu verbinden, Widerstand leisten. Gerade von solchem Widerstand aber war die Rede, ist die Rede und muß die Rede sein, wenn man — wie man nicht umhin kann — zugibt, was Kant richtig an den zitierten Stellen sagt: daß nämlich die wirklichen Erfahrungen, obgleich sie nur durch Synthesen, deren Grundregeln in uns liegen, möglich sind, oft die Erwartungen enttäuschen, die logisch und gemäß denselben Grundregeln aus Produkten solcher Synthesen folgen.

Es erscheint daher als einigermaßen absurd, in welcher Zahl und in welchem Ausmaß sich bisherige Kantinterpreten an die zwar der einen, angegebenen Stelle nach prominente, aber im Gesamttext doch so extrem nur selten wiederholte Aussage halten, obwohl sie in unvereinbarem Gegensatz zu *zahllosen* — darunter *vielen ebenso prominenten* — Stellen in *allen* Teilen der *Kritik* steht.[8] Der Tenor aller dieser Stellen ist: Die Anwendung der Kategorien setzt voraus, daß die sinnlichen Mannigfaltigkeiten als solche, die „*für die* Anschauung ... noch *vor* der Synthesis des Verstandes *und unabhängig* von ihr gegeben sein (müssen)" (B 145) bereits *nicht völlig ohne* eigene, freilich nur faktische, partikulare und zufällige = nicht notwendige = nicht gesetzesartige Ordnung sind: Sie müßten bereits solche fundamentalen, aber ausdrücklich nicht apriorischen Beziehungen und Unterschiede wie Ähnlichkeit und Verschiedenheit, Veränderung (Bewegung) und Beharrung, Konstanz und Variation von Ereignisfolgen etc. enthalten, weil gemäß den Schemata *nur auf diese* und nicht auf ein völlig form- und beziehungsloses Rohmaterial die Kategorien angewendet werden, um einer Menge von „übereinkommenden Erscheinungen" *die notwendigen* = gesetzesartigen = zuverlässigen Zusammenhänge in eigenem „Entwurf" — also versuchsweise — aufzuprägen, die „die Vernunft sucht und bedarf."

---

[8] Neben anderen, im Bisherigen schon angegebenen Stellen sind besonders wichtig: B XIII/XIV (mit d. Fn. z. § 22 Proleg.), Fn. XL/XLI, 3, 12, 69, Fn. 69/70, Fn. 155: 1. Satz, 165, *183 = A 143 mit A 349 + 399/400, 198*, 213, *219*, 681/82, 749/50, 751, 798; *A 100/01*.

II. KAPITEL

‚Raum' und ‚Zeit' als ‚Formen der Anschauung' und als ‚Formale Anschauungen'

1.1 Die KrV bezeichnet nicht nur die Kategorien als Regeln des Denkens, sondern auch die Anschauungsformen als Regeln der Sinnlichkeit. 1.2 Nimmt man dies ernst, so wird Kants Theorie des Anschauens systemtheoretisch plausibel, und es verschwinden die angeblichen fundamentalen Widersprüche, die man sonst bezüglich dieser Theorie in der KrV erkennen zu müssen glaubte. 2.0 – 2.3 Die angeblichen zentralen Widersprüche und Schwierigkeiten in Kants Theorie von ‚Raum' und ‚Zeit'. 3.1 – 3.2 Der Eindruck der Widersprüchlichkeit entsteht u.a. durch Nichtberücksichtigung der Mehrdeutigkeit des Terms ‚Anschauung'. 4.1 – 4.3 Raum und Zeit qua Formen der Anschauung sind Regeln, die die synthetisierende Operation des Anschauens beherrschen und leiten. 5.1 Die Auffassung der Formen des Anschauens als Regeln tritt in der KrV an die Stelle ihrer Bezeichnung als ‚Gesetze des anschauenden Erkennens' in der Dissertation von 1770. 5.2 Vorteil dieser Ersetzung: Regeln sind nicht ausschließlich. Wichtigkeit dieses Punktes für die Frage, ob nichteuklidische Geometrien denkbar und wissenschaftlich akzeptabel sein können. Positive Beantwortung dieser Frage. 6.0 – 6.3 Unter der in 4. gegebenen Interpretation verschwinden die angeblichen Widersprüche bis auf einen. 7.1 – 7.3 ‚Zeit' als Regel des Anschauens, charakterisiert durch die unter ihr konstituierte Struktur des Zeitlichen. 8.1 – 8.3 Die siebenfach äquivoke Bedeutung des Terms ‚Anschauung' und sein verschiedener Sinn in den Ausdrücken ‚Form der Anschauung' und ‚Formale Anschauung' als Grund für den Eindruck, B 39 und B 203 widersprächen sich. 9.1 – 9.4 Unter der in 4. gegebenen Interpretation für ‚Formen der Anschauung' und der Interpretation von ‚Formalen Anschauungen' als ‚bestimmten Räumen und Zeiten' = ‚räumlich-zeitlichen Gegenständen' verschwindet auch der angebliche Widerspruch zwischen B 39 und B 203. 10.1 – 10.2 Drei komplementäre Begriffe von Unendlichkeit in Kants Theorie: der Begriff intensional aktualer Unendlichkeit, der Begriff extensional potentieller Unendlichkeit und die nur als regulativ zulässige bloße Idee des extensional aktual Unendlichen.

1.1 Man hat seit längerem, insbesondere in der angelsächsischen Diskussion, bemerkt, daß nach Kants Theorie die Kategorien Regeln der Verknüpfung (Synthesis) und Ordnung von Vorstellungen sind. Merkwürdigerweise scheint jedoch noch niemand ernstlich zur Kenntnis genommen und zur Grundlage seiner Interpretation gemacht zu haben, daß der Text der *Kritik* nicht nur die Denkformen (Kategorien) als ‚Verstandesregeln', sondern auch die Anschauungsformen ausdrücklich als „Regeln der Sinnlichkeit" bezeichnet (B 76 = A 52). Auch in der *Transzendentalen Ästhetik* selbst, in Punkt 3) von § 4, wird über die „Grundsätze von den Verhältnissen der Zeit" (und also implizit von denen des Raumes) ausdrücklich und mit deutlicher Betonung gesagt: „*Diese Grundsätze gelten als Regeln*, unter denen überhaupt Erfahrungen möglich sind." (B 47 = A 31; Hervorhebung v. mir.) Daß mit „Formen der Anschauung" eigentlich ‚Regeln der anschauenden Synthesis' gemeint sind, sieht man besonders klar auch in § 26 der transzendentalen Deduktion. In dessen zweitem Absatz sagt Kant von den „Formen der äußeren sowohl als inneren sinnlichen Anschauung": „diesen muß die Synthesis der Apprehension des Mannigfaltigen der Erscheinung jederzeit gemäß sein, *weil sie (die Synthesis!) selbst nur nach dieser Form geschehen kann*." (B 160; Hervorhebung v. mir; s. a. den Satz B 121/122.)

In seiner Dissertation von 1770, *De mundi* ..., in der die transzendentale Wendung zuerst für die Anschauungsformen vollzogen wurde und aus der ganze Passagen über Raum und Zeit fast wörtlich in die *Transzendentale Ästhetik* der *Kritik* übernommen worden sind, verwendet Kant noch den Ausdruck „*Gesetze* der anschauenden Erkenntnis" (I, § 1) bzw. „Gesetze des Gemüts" (II, § 4) oder „Gesetze der Sinnlichkeit" (II, § 3; III, § 14.6, § 15. E, § 16) statt des in der *Kritik* benützten Wortes „Regel". Dort, noch mehr als in der KrV, wird deutlich, daß es sich um Regeln für eine Art von Operationen des Geistes („Handlungen des Gemüts") handelt, die dazu dienen, sinnlich a posteriori gegebene Mannigfaltigkeiten „zu einer Erkenntnis der Gegenstände zu verarbeiten, die Erfahrung heißt." (B 1 u. A 1)

Wir haben diese Aussagen Kants wörtlich genommen. Die Kategorien versteht man am besten als Regeln der denkenden Verarbeitung[1], die Anschauungsformen — wie gezeigt werden wird — am besten als Formen = Regeln des anschauenden Verarbeitens von „gegebenen" (= nicht von uns selbst aktiv und ursprünglich erzeugten und erzeugbaren) sinnlichen Mannigfaltigkeiten. Produkt der Verarbeitung sind die Gegenstände und das Ganze der Wahrnehmung und Erfahrung.

1.2 Natürlich ist es nicht unwichtig, daß so die Theorie der fundamentalen Formen des Anschauens und Denkens auch vom Standpunkt einer modernen systemtheoretischen Auffassung her sofort einen guten Sinn bekommt. Viel wichtiger noch ist es aber, daß diese — wie eben ge-

---

[1] Dieser Gedanke hat sich bereits seit R.P. Wolff (1969) allgemein durchgesetzt.

zeigt, sehr textnahe — Interpretation beinahe wie von selbst all jene Hauptschwierigkeiten und die Theorie vernichtenden inneren Widersprüche verschwinden läßt, die von bisherigen Interpreten in der *Kritik* mit Bezug auf ‚Raum' und ‚Zeit' gesehen wurden. Sie wurden eben nur gesehen, mußten vielleicht gesehen werden, weil man Raum und Zeit nicht als (komplexe) Regeln sah, nach denen wir — modern gesprochen — den sinnlichen Input zu Gegenständen der Wahrnehmung und zum Ganzen unserer Erfahrung verarbeiten.

2.0 Als Hauptschwierigkeiten und als innere Widersprüche der *Kritik* mit Bezug auf ‚Raum' und ‚Zeit' wurden bisher vor allem und zumeist die folgenden betrachtet:

2.1 Einerseits sagt der Text der *Kritik* über ‚Raum' und ‚Zeit'
(a) daß sie „Formen der Anschauung" oder — abkürzend und um ihren apriorischen Charakter zu betonen — „reine Anschauungen" sind und
(b) daß man sie sich sehr wohl ohne „Gegenstände" oder „Erscheinungen" in ihnen denken kann (B 38/39 und 46, wo „Erscheinung" und also „Gegenstände" ihrer Bedeutung nach als „Dinge" oder „Gegenstände unserer Sinne" definiert sind! — B 51).

Anmerkung: Die Behauptung (b) scheint schon phänomenologisch unhaltbar zu sein, weil man es unmöglich findet, sich Raum und Zeit ohne irgendwelche Dinge in ihnen vorzustellen, wenn man dies versucht.

Andererseits wird im Text der *Kritik* behauptet
(c) daß ‚Raum' und ‚Zeit' nicht selbst etwas sind, das angeschaut werden kann, daß sie also keine möglichen Gegenstände der Anschauung sind (B 457 Anm., 459 u.ö.).

Die Behauptung (c) scheint den kombinierten Aussagen 2.1 (a) und 2.1 (b) direkt zu widersprechen.

2.2 In der *Kritik* lesen wir
(a) daß der Raum „als eine unendliche *gegebene* Größe vorgestellt" wird (B 39 u. A 25; für eine entsprechende Aussage zur Zeit vgl. B 48).

Dies scheint — prima facie — unvereinbar mit der Aussage 2.1 c und ebenfalls unvereinbar mit der weiteren Behauptung, daß
(b) „der wahre (transzendentale) Begriff der Unendlichkeit" bedeutet: „daß die sukzessive Synthese der Einheit in Durchmessung eines Quantums niemals vollendet sein kann! (B 460, 454) oder daß es eine „Grenzenlosigkeit" im „möglichen" Fortgang der Anschauung gibt (A 25 und B 539).

2.3 Einerseits wird in dem dritten Argument der Metaphysischen Erörterung gesagt:
(a) „Der Raum ist kein diskursiver, oder wie man sagt, allgemeiner Begriff von Verhältnissen der Dinge überhaupt, sondern eine reine Anschauung. Denn erstlich kann man sich nur einen einigen Raum vorstellen, und wenn man von vielen Räumen redet, so versteht man darunter nur Teile eines und desselben alleinigen[2] Raumes. *Diese Teile können auch nicht vor dem einigen allbefassenden[3] Raume gleichsam als dessen Bestandteile (daraus eine Zusammensetzung möglich sei) vorhergehen*, sondern nur *in ihm* gedacht werden. Er ist wesentlich einig, daß Mannigfaltige[4] in ihm, mithin auch der allgemeine Begriff von Räumen überhaupt, beruht lediglich auf Einschränkungen." (B 39; Hervorhebungen v. mir).

Andererseits liest man in dem Beweis für das Prinzip der Axiome der Anschauung, nach welchem „Alle Erscheinungen ihrer Anschauung nach extensive Größen" sind (A 162) oder, kürzer, weniger genau und

---

[2] Man muß nach dem unmittelbaren Kontext dieses Wort als „all-einigen" = homogenen und nicht wie „allein-igen" lesen! Selbst bedeutende Kommentatoren wie Kemp Smith haben dies nicht bemerkt, wie sich an seiner Übersetzung des Wortes durch „unique" zeigt. Siehe seine Ausgabe der *Critique of Pure Reason*, MacMillan, Toronto [2]1965, p. 69.

[3] Das Wort „allbefassend" teilt wegen des darin enthaltenen „befassen" die Mehrdeutigkeit desselben. „Befassen" kann sowohl im Sinne von „umfassen" als auch im Sinne von „befaßt sein mit XY", „sich befassen mit XY" gebraucht werden. In dem zweiten Gebrauch sagt es soviel wie: daß die Tätigkeit von jemandem oder die Operation von etwas den, die oder das XY *betrifft*. Da es mindestens diese zwei Bedeutungen gibt, ist jede Interpretation von Kants Wort „allbefassend", die ihm die Bedeutung „allumfassend" gibt (so z. B. auch Kemp Smith a. a. O. mit der Übersetzung „allembracing") ungerechtfertigt und falsch. Sie wird nämlich *in eben demselben Satz* noch von Kant ausdrücklich ausgeschlossen und widerspricht überhaupt Kants Theorie, in der „Raum", wie Kant wiederholt betont, *nicht* entweder eine Art hohler Superbehälter ist (in dem sich alle Dinge befinden) oder eine Art Superding, dessen Bestandteile alle Dinge sind.
Es bleibt also für eine faire und rationale Interpretation nur die zweite Bedeutung. Und diese ergibt in der Tat sowohl im unmittelbaren Kontext wie im Ganzen der Theorie einen guten Sinn. Denn: Nach der Theorie ist der „Raum" als transzendental fungierende Form eine Form *alles* (äußeren) Anschau*ens*, die eben darum auch *alle* möglichen Gegenstände desselben „faßt" (im Sinne von: „sie in diese Form faßt"). Das „in ihm gedacht" ist daher auch nicht wie ein „als in ihm enthalten gedacht" zu lesen, sondern als „in dieser Form gedacht"!

[4] Bei dem in Kants Texten so häufig vorkommenden „das Mannigfaltige" darf man sich nicht, wie es diese mehrdeutige Wendung sehr wohl möglich macht, wegen des Singulars ein artikuliertes Totum oder eine Totalität denken. Vielmehr ist der Ausdruck hier (und *mutatis mutandis* anderswo) als eine Abkürzung für: „die vielen und verschiedenen räumlichen Figuren und Dinge" zu lesen. Nach der ganzen Theorie Kants können nämlich *nur* viele und verschiedene räumliche Figuren, Dinge und Vorgänge entweder konstruiert oder wahrgenommen werden, niemals aber eine (stets potentiell unendliche) Totalität derselben (vgl. insbes. B 460, letzter Abs.).

leichter mißzuverstehen „Alle Anschauungen sind extensive Größen" (B 202):
(b) „Eine extensive Größe nenne ich diejenige, *in welcher die Vorstellung der Teile die Vorstellung des Ganzen möglich macht (und also notwendig vor dieser vorhergeht).* Ich kann mir keine Linie, so klein sie auch sei, vorstellen, ohne sie in Gedanken zu ziehen, d.i. von einem Punkte *alle Teile* nach und nach zu erzeugen..." (B 203; Hervorhebungen v. mir. Vgl. auch Kants Anmerkung zur Thesis der ersten Antinomie, letzter Absatz, B 460).

Auch zwischen den von mir hervorgehobenen Teilen der Aussagen, die hier unter 2.3 a und 2.3 b zitiert sind, haben die meisten bisherigen Kommentatoren bis in die Gegenwart[5] klaren Widerspruch diagnostiziert.

3.1 In Teil 4 werde ich eine Interpretation der Termini „reine Anschauung" und „Form der Anschauung" vorschlagen, in deren Konsequenz sich in 6 erweisen wird, daß alle in 2 unter 2.1 und 2.2 zitierten Passagen sich nicht widersprechen, und sich in 9 zeigen wird, daß auch die unter 2.3 a und 2.3 b zitierten Aussagen keinen Widerspruch darstellen. Im Gegenteil: Alle diese Aussagen sind konsistent und ergeben einen guten Sinn, und zwar nicht nur innerhalb der *Kritik* als Ganzer, sondern überdies auch vom Standpunkt einer modernen informationstheoretischen und kybernetischen Systemtheorie aus.

3.2 Zunächst möchte ich jedoch klären, warum und wie wir so leicht dem Eindruck verfallen, daß in den zitierten Passagen kontradiktorische Aussagen über ‚Raum' und ‚Zeit' als „Vorstellungen" bzw. „Anschauungen" gemacht werden.
Natürlich spielen dabei vielleicht viele Faktoren eine Rolle. Ich beschränke mich hier jedoch darauf, die aufzuzeigen, die am entscheidendsten zu sein scheinen und die zusammen für die gewünschte Erklärung genügen. Das sind zwei Tatsachen:

(A) Die allgemeine Mehrsinnigkeit von Wörtern, die im Deutschen auf „-ung" enden. „Vorstellung" und „Anschauung", aber auch „Wahrnehmung", „Erfahrung" etc. – alles zentrale Termini der *Kritik*! – bedeuten sowohl den *Akt* (Kant: „actus animi" oder „Handlung des Gemüts"): vorstell*en*, anschau*en* usw., als auch das intendierte Korrelat des Aktes:

---

[5] Siehe z.B. R.P. Wolff, *Kant's Theory of Mental Activity*. Harvard University Press, Cambridge, Mass. ²1969, pp. 229/30 und 288.

der anschauenden Erkenntnis" (§ 1) und „*Gesetz* des Gemüts" (§ 4, s. auch § 8, § 14 (5 u. 6), § 15 (D, E) und Coroll. (insbes. letzter Abs. desselben)) verwendet. Der transzendental beherrschende Charakter der „Regeln" wird durch ihre Bezeichnung als „Gesetze" eben deutlicher ausgedrückt.

5.2 Andererseits kann der Übergang von „Gesetz" zu dem Terminus „Regel" doch als ein terminologischer Fortschritt angesehen werden — und zwar sowohl immanent, vom Standpunkt Kants eigener Theorie in der Dissertation und in der *Kritik*, als auch transzendent von einem modernen Standpunkt aus. Unter heutigem Gesichtspunkt ist es ein Vorteil des Terms „Regel", daß — mit S. Körner (1960, dt. S. 82) zu sprechen — Regeln nicht ausschließlich sind. D.h. „aus ihrer Unvereinbarkeit mit einem anderen Satz" (lies hier: einer anderen Regel) „folgt *nicht*, daß einer der beiden unvereinbaren Sätze falsch ist". Daher wäre der Terminus „Regel" bereits in *De mundi* angemessener gewesen als der Terminus „Gesetz". Es gibt in *De mundi* nämlich eine sehr interessante Passage, die für die Frage relevant ist, ob nach Kants Theorie nichteuklidische Geometrien (und überhaupt nicht-intuitive, nur symbolische Konstruktionen) möglich und akzeptabel sind oder nicht. Unmittelbar nachdem er die „primitiven Axiome des Raumes" als „Gesetze der Sinnlichkeit" identifiziert hat, sagt Kant, daß, „wer irgendwelche anderen Verhältnisse, als durch denselben," (d.h. durch den „Begriff des Raumes", der durch jene Axiome definiert ist) vorgeschrieben werden, ausdenken wollte, ..., gezwungen wäre, eben denselben Begriff als Hilfsmittel für seine Erdichtung zu gebrauchen (§ 15 (E)). Diese Passage, so scheint mir, impliziert ganz klar die Möglichkeit, sich durch nichtostensive, bloß symbolische Konstruktion (s. *Kritik*, B 745, 762) Geometrien auszudenken, die bei Beschränkung auf ausschließlich anschauende Operationen nicht konstruierbar wären. Nach dieser Passage wird von den „primitiven Gesetzen oder Axiomen des Anschauens" nur behauptet, daß sie eine *transzendentale Funktion* haben, indem gesagt wird, daß ein menschlicher Geist nicht-anschauliche andere Verhältnisse zwar konstruieren kann, aber doch bei solchen Konstruktionen unweigerlich stets auch von jenen „primitiven Gesetzen" mindestens hilfsweise Gebrauch macht. Dem, so scheint mir, wird man große Plausibilität nicht absprechen können, z.B. im Hinblick auf die nichteuklidischen Geometrien. Und zwar gilt das sowohl im sog. ‚Kontext der Entdeckung' wie auch in dem ‚Kontext der Rechtfertigung': Historisch-genetisch sind schließlich die nichteuklidischen Geometrien im Ausgang von der euklidischen gewonnen worden — durch die Entdeckung der Unabhängigkeit des Parallelenpostulates.

genügen (s. hierzu B 114, 424 u. insbes. 818/19)) stets co-determiniert (wenngleich nur im Rahmen der ‚apriorischen' Formen der Verarbeitung) durch die Vielheiten, Verschiedenheiten und (deren) Verteilungen des sinnlichen Materials, das in der Sinnlichkeit bei der ihrer Natur nach unbekannten „Affektion" derselben durch die als solche unerkennbaren aber notwendig zu postulierenden Dinge, „wie sie an sich sein mögen" (B 235), auftritt.

4.3 Man kann das hier über „Anschauung" als Anschauen Gesagte auch an früheren und späteren Schriften Kants überprüfen: *De mundi* (1770), s. insbes. §§ 1, 4, 10, 14:5, 15:D, E und Coroll.; *Prolegomena* (1783), s. insbes. § 13, Anm. III; *Fortschritte der Metaphysik* (1804), s. insbes. A 25/26, 28, 203/04. Alle diese Stellen stützen ebenfalls die vorgelegte Interpretation.

Wenn man sie daher versuchsweise akzeptiert, so beginnt man sofort zu sehen, daß die *Kritik*, wenn der Text von ‚Raum' und ‚Zeit' als „reinen oder apriorischen Formen der Anschauung" spricht, stets von reinen Formen des Anschau*ens* spricht, und daß „*Formen* des Anschauens" „Regeln" sind, die die Operation oder Aktivität des Anschauens beherrschen und leiten.

Die regelgeleiteten synthetisierenden Operationen des Anschauens sind „vergleichende", „unterscheidende", „zusammennehmende", „verknüpfende", „ordnende" Operationen nach A 99. Solche Operationen sind auch in moderner Redeweise leicht als für jede Informationsverarbeitung notwendige Operationen identifizierbar. Nach Kants Theorie fungieren sie in zwei grundlegenden Weisen: einmal, in der sinnlichen Erfahrung, rezeptiv (B 74/75), reproduktiv (B 195, A 97, 100–102) und konstitutiv für solche Erfahrung (Erfahren und Erfahrenes); zum zweiten aber, in der reinen Mathematik, produktiv (B 196) und konstruktiv (B 741–749, 760), und zwar entweder in „ostensiver Konstruktion", wie in der euklidischen Geometrie (B 745), oder in bloß „symbolischer" (B 745) bzw. „charakteristischer Konstruktion" (B 762), wie in der Arithmetik und Algebra.

5.1 An dieser Stelle scheint es angebracht, darauf hinzuweisen, daß der Terminus „Regel", wie er in B 47 und 76 gebraucht wird, natürlich nicht etwas meint, dem wir folgen oder auch nicht folgen können, oder meint, daß die anschauenden Operationen, die von den hier gemeinten transzendentalen Regeln beherrscht werden, diesen entweder entsprechen oder sie verletzen könnten. Hierin liegt wahrscheinlich der Grund, warum Kant 1770 in seiner Dissertation *De mundi* noch die Ausdrücke „*Gesetze* konstruktiv — konstitutiv

Distributionen, die effektiv jene Synthesen mitdeterminieren würden, wenn sie Synthesen von sinnlichem Material in empirischen Wahrnehmungen oder körperlichen Handlungen (wie dem wirklichen Zeichnen eines Dreiecks in Sand oder auf Papier) wären. Von der Form mathematischer Objekte und damit von diesen überhaupt kann man also mit Kant genauer sagen, daß sie von reinen Synthesen durch Konstruktion erzeugt werden.

In der sinnlichen Wahrnehmung dagegen funktionieren die Synthesen nach Kants Theorie nur „konstitutiv", d.h. sie tragen zur realen Struktur wahrgenommener und erfahrener Gegenstände (Dinge und Vorgänge) durch Verarbeitung des sinnlichen Materials nur die allgemeine Grundform bei. Von der tatsächlichen Struktur des Wahr*genommenen* oder Erfahre*nen* darf also in strikterer und präziserer Redeweise *nicht* gesagt werden, daß sie „*von*" Synthesen im Wege der Erzeugung „gegeben" werden, sondern nur, daß „sie nur *durch* die synthetisch verarbeitenden Operationen des Geistes gegeben" sind. Dies muß man lesen als: daß „sie *nicht ohne* diese Operationen des Geistes gegeben" sind. Denn Kant hat immer wieder ausdrücklich erkannt, daß die individuellen, konkreten Anordnungen, Konfigurationen, Gestalten und Verteilungen des sinnlichen Materials in aktuellen Wahrnehmungen sowohl, als auch gewisse allgemeine Züge solcher Anordnungen (die in der Naturwissenschaft als „empirische Naturgesetze" ausgedrückt werden) *weder* schon mit der Gruppe der „Anschauungsformen + Kategorien + Schemata" gegeben sein *noch* von ihr abgeleitet werden können! (s. A 100/101, 127/28, 376; B XIV, 12, 74, 75, 123, 124, 165, 198, 213, 219, 263, 284, 508/09, 521, 681/82, 748, 749/50, 751, 771, 794, 798, 800/01).

Darum eben werden diese Grundformen nicht nur einzeln, sondern auch zusammengenommen als „Bedingungen der (realen) Möglichkeit der Erfahrung und Erfahrungswissenschaft" bezeichnet, d.h. als *conditiones sine quibus non* oder *notwendige* Bedingungen, nicht aber als notwendige *und* ausreichende Bedingungen.

Anders gewendet: Kant sah, daß alle formal ordnenden und verknüpfenden Züge in jedem Bewußtsein nur erscheinen können, weil gegebene sinnliche Mannigfaltigkeiten (modern: der sinnliche Input) in bestimmten, regelgeleiteten, synthetisierenden Operationen des Geistes verarbeitet werden. Er sah aber auch, daß diese Operationen *nicht ausschließlich* durch jene Regeln (d. AF u. DF) geleitet und determiniert sein können, denn: In der sinnlichen Wahrnehmung und Erfahrung ist das aktuell Wahrgenomme*ne* und Erfahre*ne* (die tatsächlichen konkreten Arrangements des sinnlichen Materials zu Dingen und Vorgängen und die nicht falsifizierten, hypothetisch angenommenen empirischen Gesetze, denen sie das Vorgestellte, das Angeschaute, den *Gegenstand* der Vorstellung oder Anschauung etc.

(B) Die Tatsache, daß wir alle normalerweise und gewohnheitsmäßig unter Wörtern wie „Vorstellung" und „Anschauung" etc. primär oder gar nur das Vorgestellte bzw. Angeschaute verstehen.

Wenn man dies bei der Lektüre oder Interpretation der kritischen Texte über ‚Raum' und ‚Zeit' als „reine Vorstellungen oder Anschauungen apriori" oder „Formen der Anschauung" tut, so kann man offensichtlich in der Tat die in Sektion 2 zitierten Aussagen nur als sich wechselseitig widersprechende lesen.

4.1 Es besteht jedoch wegen 3.2 A keinerlei Notwendigkeit oder Unumgänglichkeit, den Text der *Kritik* in dieser Weise zu lesen. Im vorliegenden Fall bedeutet das z.B., daß man einmal methodisch und systematisch versuchen kann, bei jedem Auftreten solcher äquivoken Termini wie „Vorstellung", „Anschauung" und „Erfahrung" im Text zu sehen, welche Substitution derselben durch einen der eindeutigen Termini, die unter 3.2 A genannt sind, im Kontext einen besseren Sinn ergibt und ob diese Ersetzungen an allen relevanten Stellen so gemacht werden können, daß sie alle zusammen einen widerspruchsfreien Text ergeben.

In unseren Seminaren über Kants *Kritik* haben wir diesen Test wiederholt mit verschiedenen Teilnehmern durchgeführt. Er bestätigt die bereits ausgesprochene Interpretationshypothese, daß der Term „Anschauung" in der *Kritik* weder ausschließlich noch auch nur primär gebraucht wird, um das Angeschaute zu bezeichnen, daß er sich vielmehr primär auf die entsprechende – stets synthetische – Aktivität oder Operation des Geistes (Handlung des Gemüts) bezieht: auf das Anschauen und seine ihm eigenen Formen = Regeln.

4.2 Dieser Befund stimmt auch mit der Tatsache gut zusammen, daß Kant in den Kritischen Schriften ausdrücklich und wiederholt behauptet, alle formalen, Ordnungs- und Verknüpfungs-Züge jedes Bewußtseins könnten nur insofern als „gegeben" betrachtet werden, als sie von oder durch Synthesen des erkennenden (wahrnehmenden, anschauenden, denkenden) Geistes erzeugt oder beigetragen worden sind.

Die Formulierung „von oder durch Synthesen erzeugt oder beigetragen" ist eine Präzisierung gegenüber der Ausdrucksweise der Texte. Sie ist jedoch leicht aus der Theorie in den Texten zu rechtfertigen:

In der reinen Mathematik funktionieren die Synthesen nach Kants Theorie „rein" und „konstruktiv". D.h. sie konstruieren ihre Objekte unbeeinflußt durch die Vielheiten und Verschiedenheiten und deren

Systematisch-rechtfertigend ist bei Mangel eines direkten Widerspruchsfreiheitsbeweises die Widerspruchsfreiheit nichteuklidischer Systeme indirekt durch die Angabe partieller euklidischer Modelle für sie geleistet worden. Man bedenke: Hätten wir anderenfalls eigentlich irgendein Motiv (von einem „Grund" ganz zu schweigen) unsere nicht anschaulichen Konstruktionen als „Geometrien" oder „mögliche Räume" zu betrachten oder zu interpretieren? Man sieht hier wiederum, daß die vorgelegte Interpretation, die keine Schwierigkeiten hat, solche Passagen ernst und wörtlich zu nehmen, den Vorteil hat, Kants Theorie als viel vernünftiger und gegenüber der tatsächlichen Praxis und Geschichte der Wissenschaften offener zu erweisen als viele andere Interpretationen. Sie zeigt z.B. Kants Philosophie der Mathematik als eine durchaus unmystische Art von operationalistischem Intuitionismus, der gewisse, für den Aufbau der Mathematik hinderliche Züge moderner Intuitionismen und/oder Konstruktivismen nicht mit diesen teilt.

6.0 Sobald dies alles klar ist und man beachtet, daß Kant die Bedeutung des Wortes „Erscheinung", wie es in der Transzendentalen Ästhetik gebraucht wird, als „Gegenstand unserer Sinne" (B 51 = A 34) definiert, verschwinden zunächst alle scheinbaren Schwierigkeiten und Widersprüche in und zwischen den oben, in Sektion 2 unter 2.1 und 2.2 zitierten Passagen.

6.1 Denn:
(ad 2.1 a) Wenn es richtig ist, daß wir bei den Operationen reinen produktiven arithmetischen und geometrischen Konstruierens stets und notwendig (wenn auch nicht notwendigerweise ausschließlich – s. oben, 5.2) unter jenen Regeln des Anschauens operieren, die primär mit Kants Termini „Raum" und „Zeit" bezeichnet sind, dann
(ad 2.1 b) ist es unleugbar ebenfalls richtig, daß es „in" *diesem* „Raum" und *dieser* „Zeit", ebenso wie unter *dem*, was *rein* nach diesen Regeln produziert wird (reinen Zahlen und Komplexen von solchen, geometrischen Punkten, Linien und Figuren), keine „Erscheinungen" oder „Gegenstände der Sinne" gibt. Die oben, bei 2.1 b gemachte phänomenologische Anmerkung ist also schlicht falsch: Wenn wir uns geometrische Figuren denken oder vorstellen, denken wir sie *de facto* immer schon „im" reinen „Raum" (= in rein räumlicher Form), ohne uns in diesem irgendwelche Dinge (Gegenstände der Sinne) vorzustellen oder vorstellen zu können. Man muß hier sogar weitergehen und sagen, daß dies nicht nur eine phänomenologische Tatsache, sondern notwendig so ist, denn die Produkte der reinen Operationen sind gerade auch nach Kant *exakte*

mathematische Objekte. *Kein* empirischer „Gegenstand unserer Sinne" ist jedoch ein exaktes mathematisches Objekt, und *kein* mathematisches exaktes Objekt ist ein „Gegenstand unserer Sinne".

6.2 Ferner:
(ad 2.1 c) Es ist dann notwendig und evidenterweise richtig, daß „Raum" und „Zeit" *qua* primitive Regeln des anschauenden Operierens unseres Geistes nicht selbst etwas An*ge*schau*tes*, nicht selbst „Gegenstände der Anschauung" sind und sein können. Wir müssen uns völlig von der Illusion freimachen, die durch unsere Umgangssprachen (mindestens jene vom indoeuropäischen Typ) und unseren gewöhnlichen Gebrauch derselben erzeugt wird, daß, weil das Wahrgenommene als räumlich und zeitlich wahrgenommen wird, man auch sagen könne, „Raum" und „Zeit" seien wahrgenommen.

6.3 Schließlich:
(ad 2.2 b) Wenn der allgemeine Charakter der Regeln, die die Operationen des Anschauens beherrschen, ein solcher ist, daß es *in diesen Regeln selbst* nichts gibt, was den Prozeß des Anschauens, *qua* Prozeß iterativer Operation und damit „Anwendung" der Regeln, *von diesen Regeln aus* begrenzen könnte, so kann man diese regelbedingte oder in den Regeln liegende „Grenzenlosigkeit des möglichen Fortganges der Anschauung" sehr wohl als „Unendlichkeit" der Raumanschauung bezeichnen (wie es Kant in A 25 und B 45, 460 und 539 tut).
Und dann

(ad 2.2 a) gibt es einen möglichen und keineswegs mystischen Sinn von „gegeben", so daß Kant ohne Widerspruch zu 2.1 c sagen konnte, ja sagen mußte, „Raum" und „Zeit" (*qua* Regeln, die gewisse Operationen des Geistes leiten) seien als unendlich = grenzenlos = *keine Grenze setzend* „gegeben". Dieses „gegeben" bezieht sich dann auf die Tatsache, daß diese Regeln *mit* der transzendental funktionierenden Aktivität des erfahrenden Geistes selbst gegeben sind („... *ipsa mentis actione*", *De mundi*, § 15: vorletzter Satz des Coroll.), und daß wir daher weder willkürlich uns von ihnen befreien können noch sie mittels individueller Entscheidung oder intersubjektiver Konvention durch andere Regeln des Anschauens ersetzen können (vgl. auch *ibid.* § 15 : E).

7.1 In den Abschnitten 8 und 9 wird auch der Eindruck des Widerspruchs zwischen B 39 und 203 noch beseitigt werden. Zuvor soll aber der Versuch gemacht werden, ausdrücklich anzugeben, was die Anschauungsform ‚Zeit' als Regel der anschauenden Verarbeitung sinnlich gegebener Mannigfaltigkeiten eigentlich besagt. Kant selbst hat das leider nirgends formuliert. Er hat nur gesagt, es handle sich um Regeln „von den Verhältnissen der Zeit" (B 47 = A 31), und zwar des Näheren um die „Verhältnisse des Nacheinander-, des Zugleichseins und dessen, was mit dem Nacheinandersein zugleich ist", also der Beharrlichkeit oder Dauer (B 67, s. a. B 219 u. 225—226).

7.2 In Korrektur und Fortführung eines schon von Leinfellner (1965, p. 126) vorgelegten Formulierungsversuchs schlage ich die nachfolgende Fassung der Regel ‚Zeit' durch die nach ihr konstituierte Struktur des Zeitlichen: des Anschauens und des Angeschauten vor. Ich sehe dabei von allen denjenigen strukturellen Differenzierungen, die nach Kants Theorie nur mit Hilfe der Kategorien der Subsistenz-Inhärenz und der Kausalität konstituiert werden, völlig ab. (Dazu gehört vor allem die gesetzartige Festlegung einer bestimmten und einsinnig gerichteten zeitlichen Folge von Objekten und Ereignissen. Die in Kants Theorie freilich unmittelbar gegebene (= nicht von uns willkürlich produzierbare) Irreversibilität des subjektiven Zeitbewußtseins, d.h. des später von W. James treffend so genannten ‚Stroms des Bewußtseins', die sich aus der in A 98—103 beschriebenen Grundstruktur der anschauenden Synthesen zwangsläufig ergibt und hier in Kap. III. 4.1—2 näher betrachtet wird, reicht dazu nicht.)

Ich bediene mich für die Beschreibung einer an die bekannten Symbole der formalen Logik angelehnten einfachen Kurzschrift, da sonst die Übersichtlichkeit und Kontrollierbarkeit schnell verlorenginge:

∧ für jedes beliebige ...   ∨ es gibt mindestens ein ...   v und,
∧ oder,   → wenn ... dann,   ¬ nicht,   N nach,   UN unmittelbar nach,
Gl gleichzeitig mit,
e_w, e_x, e_y, e_z beliebige kleinste unterscheidbare[6] und relational bestimmbare Elemente des gegebenen Mannigfaltigen.

(Nota bene: Es ist ein Vorteil des ‚e', daß man es ebensogut als ‚Ereignis' oder ‚event', wie als ‚Empfindung', ‚Empfindungskomplex' oder ‚Erscheinung' lesen kann. Nur eines darf man nicht: es als bloß hyletisches Datum auffassen. So etwas gibt es nach der Theorie Kants nicht!)

$\bar{e}_w, \bar{e}_x, \bar{e}_y, \bar{e}_z$ beliebige unterscheidbare und relational bestimmbare, relativ dauernde, d.h. mindestens das unmittelbare Nacheinander zweier ‚e' überlappende Glieder des gegebenen Mannigfaltigen.

---

[6] Auf die Notwendigkeit dieser Präzisierung (gegenüber meiner ursprünglichen Fassung von 1974 c und 1976 b) hat mich Herr E. O. Schneider als Teilnehmer meines Kant-Seminars dankenswerterweise hingewiesen.

Die Regel ‚Zeit' der anschauenden Verarbeitung alles gegebenen Mannigfaltigen lautet dann:

Ordne alles Unterscheidbare so, daß

1) $\wedge_{(e_x \wedge e_y)} (e_x \, Ne_y \vee e_x \, Gle_y \vee e_y \, Ne_x)$

2) $\wedge_{(e_x \wedge e_y)} (e_x \, UNe_y \rightarrow (e_x \, Ne_y \wedge \neg \vee e_z (e_x \, Ne_z \wedge e_z \, Ne_y)))$

3) $\wedge_{(e_x \wedge e_y \wedge e_z)} ((e_x \, UNe_y \wedge e_z \, UNe_y) \rightarrow e_x \, Gle_z)$

4) $\wedge e_z \vee e_w \vee e_x \vee e_y (e_z \, Ne_y \wedge e_w \, Ne_z \wedge e_x \, Gle_z)$

5) $\wedge_{(e_x \, UNe_y)} \vee \bar{e}_z (\bar{e}_z \, Gl(e_x \, UNe_y))$ Dauer, Zugleichsein mit dem Nacheinander

6) $\wedge e_x \wedge e_y ((e_x \, Gle_y \rightarrow (\neg e_x \, Ne_y \wedge \neg e_y \, Ne_x))$ ⎫ Gl und N schließen
7) $\wedge e_x \wedge e_y ((\neg e_x \, Ne_y \wedge \neg e_y \, Ne_x) \rightarrow e_x \, Gle_y)$ ⎭ einander aus

8) $\wedge e_x \wedge e_y (e_x \, Ne_y \rightarrow \neg e_y \, Ne_x)$ N ist asymmetrisch

9) $\wedge e_x \wedge e_y \wedge e_z ((e_x \, Ne_y \wedge e_y \, Ne_z) \rightarrow e_x \, Ne_z)$ N ist transitiv

10) $\wedge e_x \neg (e_x \, Ne_x)$ N ist irreflexiv

11) $\wedge e_x (e_x \, Gle_x)$ Gl ist reflexiv

12) $\wedge e_x \wedge e_y \wedge e_z ((e_x \, Gle_y \wedge e_y \, Gle_z) \rightarrow e_x \, Gle_z)$ Gl ist transitiv

13) $\wedge e_x \wedge e_y (e_x \, Gle_y \rightarrow e_y \, Gle_x)$ Gl ist symmetrisch

14) $\wedge e_x \wedge e_y \wedge e_z ((e_x \, Gle_y \wedge e_y \, Ne_z) \rightarrow e_x \, Ne_z)$ ⎫
15) $\wedge e_x \wedge e_y \wedge e_z ((e_x \, Ne_y \wedge e_x \, Gle_z) \rightarrow e_z \, Ne_y)$ ⎭ N ist Gl-transitiv

Erläuterungen:
2 u. 3 sind eine deskriptive Formulierung der empirisch anschaulichen Kontinuität zweier zeitlicher Ereignisse. Es ist — und muß sein — ein anderer Begriff der Kontinuität (nämlich der Lückenlosigkeit), als der abstrakt operationale mathematische Begriff der Kontinuität als ‚Dichte', wie ihn Leinfellner (a.a.O.) als „xNy → Vz (xNz ∧ zNy)" formuliert. Leinfellner könnte sich bei seiner Formel freilich auf B 254, A 209 und einige andere Stellen berufen. Aber da hat auch in Kant der Mathematiker über den Empiristen und Phänomenologen gesiegt. Entgegen Kants Behauptung

(a.a.O.) kann man in der phänomenologischen wie experimentellen Untersuchung der Wahrnehmung und des Wahrgenommenen stets nur feststellen, daß anschauliche Erscheinungen in der Zeit, z.b. Vorgänge, für uns stets kleinste endlich kleine Teile (wahrgenommene oder physikalisch ermittelte Phasen) haben. Kant hat hier, wie so viele vor und nach ihm, irrtümlich den *empirischen Begriff* einer *konkreten* Strecke (die keineswegs unendlich teilbar ist und nie aus unendlich kleinen, sondern stets kleinsten Teilen − z.b. physikalischen Elementarteilchen − besteht) mit dem *mathematischen Begriff* einer *idealen* Strecke verwechselt, die geradezu durch ihre − selbst ideelle − unendliche Teilbarkeit mitdefiniert ist (vgl. hierzu z.B. R.L. Goodstein, 1965), und das noch dazu, obwohl gerade Kants Theorie scharf zwischen „empirischen" und „reinen" (z.b. mathematischen) Begriffen und Gegenständen unterscheidet.

Zu 4: Es gibt im Zeitlichen kein absolut erstes oder letztes oder nicht mit anderen gleichzeitiges, also an seiner relativen Stelle absolut einziges e. Kurz: Die sinnliche Mannigfaltigkeit ist qua zeitlich geordnete zweidimensional und unabgeschlossen (vgl. B 47−48, A 31−32). Dies steht im Widerspruch mit Kants Satz „Sie hat nur eine Dimension" (B 47). Dieser Satz ist jedoch nach seiner eigenen Theorie in mehrfachem Sinne falsch: Die „Zeit" als Anschauungsform hat gar keine Dimension, Dimension(en) hat nur, dank ihrer, das Zeitliche. Dieses aber hat, wenn es Mannigfaltiges stets nicht nur nacheinander, sondern auch zugleich gibt, jedenfalls zwei Dimensionen, die des Nacheinander und die des Zugleich, also des zeitlichen Nebeneinander. Die zeitliche Verbildlichung der „Zeit" ist daher genau genommen auch nicht, wie Kant wiederholt sagt, „eine Linie, insofern man sie zieht", sondern, wie auch er selbst − nämlich in der Fußnote zu Punkt 5 von § 14 von *De mundi* ... − sagt, eine Fläche. Man müßte entsprechend dem „insofern man sie zieht" hinzufügen: eine Fläche, die in einer Richtung einer Dimension wächst. (Nur diese Beschränkung des Wachstums auf eine Richtung einer Dimension ist es, die die Symbolisierung durch das Ziehen einer Linie erlaubt.)

Zu 5: Man sieht hier, daß R.P. Wolff (1963, p. 246) unrecht hat, wenn er behauptet, Kant widerspreche sich selbst, da er A 177 = B 219 (vgl. a. B 67) sage „Die drei modi der Zeit sind Beharrlichkeit, Folge und Zugleichsein", während er A 182/83 = B 226 sage „Simultaneität und Sukzession sind die einzigen Verhältnisse in der Zeit". Wolff hat da nicht beachtet, daß Kant in B 67 ausdrücklich Beharrung als ‚Zugleichsein mit dem, was nacheinander ist' definiert. Diese Definition ist in unsere fünfte Forderung eingegangen.

Mit Hilfe der so gegebenen Bestimmungen lassen sich weitere Bestimmungen, etwa die komparativen Relationen ‚zeitlich näher', ‚zeitlich ferner', ‚zwischen zwei e's mit Bezug auf ein drittes' sowie, ob ein e relativ zu anderen ‚gegenwärtig', ‚vergangen' oder ‚zukünftig' ist, leicht angeben und definieren.

Die Anschauungsform „Raum" läßt sich mit ihren entsprechenden topologischen Grundsätzen für die räumlichen Verhältnisse des Anschaulichen leider nicht in so übersichtlich wenigen und relativ einfachen Formeln beschreiben. Stimmt man der oben, in den Sätzen 1−15 vorgelegten formalen Rekonstruktion für die Anschauungsform „Zeit" zu, so ist jedenfalls klar, daß man *keinesfalls* für die entsprechenden ersten Grundsätze vom „Raum" qua Anschauungsform einfach die Axiome und Postulate der euklidischen Geometrie übernehmen kann!

8.1 In Abschnitt 6 blieb zunächst von den angeblichen Widersprüchen in Kants Text scheinbar noch der zwischen den Passagen von B 39 und B 203 bzw. 460 übrig.

Es wird sich jedoch hier und in Sektion 9 zeigen: Wenn man für „Raum" und „Zeit" qua „Formen der Anschauung" die hier vorgelegte Interpretation akzeptiert und für das, was Kant „einen bestimmten Raum" (B 137/138) nennt und seiner Form nach als „formale Anschauung" (B 160/61 und Anmerkung) bezeichnet, die bereits von G. Buchdahl[7] in eingehender und subtiler Analyse vorgelegte Interpretation dieser Begriffe übernimmt, so liegt wiederum keinerlei Widerspruch vor. Im Gegenteil, man erkennt, daß Kant im Rahmen seiner transzendentalen Theorie in der *Kritik*, wenn er konsistent(!) sein wollte, sagen mußte, was er in B 39 über den „Raum" qua „Form der Anschauung" und in B 203 über „bestimmte Räume" = bestimmte räumliche Konfigurationen qua „formale Anschauungen" und über die Operationen, in denen sie bestimmt werden, gesagt hat.

8.2 Der Eindruck, daß B 39 und B 203 sich widersprechen, hängt wiederum an den in Sektion 3.2 unter (A) und (B) genannten Faktoren, d.h. an der äquivoken Bedeutung von „Anschauung". Hier müssen wir uns aber diese Mehrdeutigkeit in Kants Text etwas genauer ansehen. Dann stellen wir fest, daß mit Bezug auf das Verhältnis von B 39 und B 203 weitere Faktoren die terminologische Situation sehr komplizieren.
(C) Die in (A) (s. 3.2) genannte Grundäquivokation wird nämlich durch Kants höchst unglücklichen Gebrauch von „Anschauung" auch mit Bezug auf mehreres, was tatsächlich (nach seiner Theorie) nur ein Aspekt von Anschauung ist, mit einer weiteren und sogar doppelten Äquivokation

---

[7] G. Buchdahl, *Metaphysics and the Philosophy of Science*. Oxford 1969, siehe die im Index unter „Kant, space as formal intuition (determinate space)" angeführten Passagen.

zusätzlich aufgeladen. Der einfachste, klarste und kürzeste Weg, um die verschiedenen so resultierenden Bedeutungen und ihre Zusammenhänge übersichtlich aufzuzeigen, ist der eines Baum-Schemas (s. folgende Seite). Überblickt man das Schema, so beginnt man vielleicht in der linken Hälfte unter (a) neben (a1) und (a2) nach etwas zu suchen, was „reines Anschauen" heißen müßte. Da aber Kant leider immer Anschau*ung* sagt, ist der dann sich ergebende Ausdruck „reine Anschauung" schon für (a1) vergeben. Tatsächlich ist aber auch in Kants Theorie gar kein Platz für eine rein anschauende Operation, weil die Synthese oder Synthesen, deren Produkt (bI_1) ist, *nicht* Synthesen sind, die ausschließlich durch (a1) geleitet werden. Vielmehr handelt es sich da um die von Kant sog. „figürlichen Synthesen" (B 151–154, 204, 752, 196) der produktiven Einbildung (B 152), die als solche stets *auch* von kategorialen Regeln (Begriffen) bestimmt und geleitet werden. Die Operationen des Einbildens — der reproduktiven Einbildung ebenso wie der produktiven — haben eine gewissermaßen privilegierte transzendentale Funktion. Sie sind Operationen, die Anschauen und Denken zugleich sind und ineins geleitet sind von den Regeln des Anschauens und Regeln des Denkens (Kategorien). Es läßt sich nach dem Text — soweit ich sehe — nicht entscheiden, ob dies als eine Kooperation von zwei bzw. drei verschiedenen und unterscheidbaren, aber im aktuellen Operieren nicht trennbaren Synthesen zu verstehen ist (wie etwa B 36 nahelegen könnte) oder als *eine* Synthese (wie B 195 und 271 nahelegen), die von zwei verschiedenen Gruppen von Regeln ko-regiert wird. Glücklicherweise ist die Antwort auf diese Frage von keiner entscheidenden Bedeutung, weil keine der beiden möglichen Interpretationen die Theorie in besondere Schwierigkeiten bringt.

Nachdem in dieser Weise gegen einen Platz für „reines Anschauen" unter (a) argumentiert worden ist, wird man sich vielleicht umgekehrt fragen, warum dann (a2) gesonderte Erwähnung findet. Das sinnliche Anschauen ist ebenfalls eine Aktivität, die (s. A 94–103 u. 105) *nicht* wirklich separat operieren kann, sondern nur in Kooperation mit synthetisch reproduktivem Einbilden und synthetisch rekognitivem Denken vorkommt. Die separate Erwähnung von (a2) hat denn auch in der Tat einen ganz anderen Grund. Dieser liegt darin, daß (a2) bei Kant besonders oft vorkommt und Betonung erfährt, weil es die einzige Operation (oder der einzige Teil eines Bündels von Kooperationen) ist, die bzw. der unmittelbar das rezeptiv sinnlich Gegebene verarbeitet.

8.3 So entsteht also der Eindruck eines Widerspruches zwischen B 39 und B 203 dadurch, daß sich Leser und Kommentatoren nicht wirklich

‚Anschauung' bedeutet:

a) synthetisierender Akt oder Operation (B 121/22; A 94/95, 99; B 34): anschau*en*

b) Produkt und Gegenstand: das An*ge*schau*te*

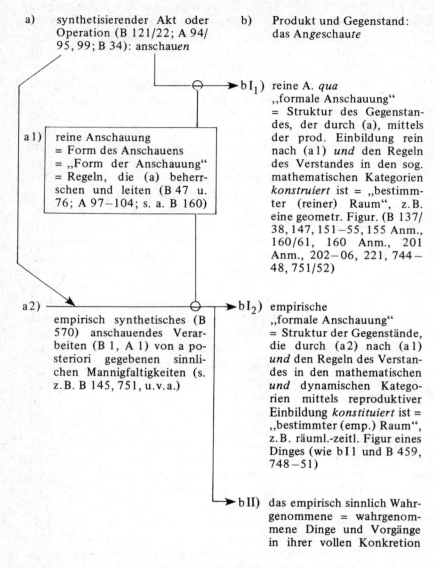

a1) reine Anschauung
= Form des Anschauens
= „Form der Anschauung"
= Regeln, die (a) beherrschen und leiten (B 47 u. 76; A 97–104; s. a. B 160)

bI_1) reine A. *qua* „formale Anschauung" = Struktur des Gegenstandes, der durch (a), mittels der prod. Einbildung rein nach (a1) *und* den Regeln des Verstandes in den sog. mathematischen Kategorien *konstruiert* ist = „bestimmter (reiner) Raum", z.B. eine geometr. Figur. (B 137/38, 147, 151–55, 155 Anm., 160/61, 160 Anm., 201 Anm., 202–06, 221, 744–48, 751/52)

a2) empirisch synthetisches (B 570) anschauendes Verarbeiten (B 1, A 1) von a posteriori gegebenen sinnlichen Mannigfaltigkeiten (s. z.B. B 145, 751, u.v.a.)

bI_2) empirische „formale Anschauung" = Struktur der Gegenstände, die durch (a2) nach (a1) *und* den Regeln des Verstandes in den mathematischen *und* dynamischen Kategorien mittels reproduktiver Einbildung *konstituiert* ist = „bestimmter (emp.) Raum", z.B. räuml.-zeitl. Figur eines Dinges (wie b I 1 und B 459, 748–51)

b II) das empirisch sinnlich Wahrgenommene = wahrgenommene Dinge und Vorgänge in ihrer vollen Konkretion

Erläuterungen: Pfeile wie a → bI_1 besagen, daß bI_1 synthetisch durch a produziert ist. Eine Linie mit Öse ─○ um einen Pfeil bedeutet, daß die synthetisierende Operation, die der Pfeil ausdrückt, von dem beherrscht und geleitet wird, was am Anfang der Linie zur Öse steht.

Rechenschaft geben über diesen mindesten siebenfältig äquivoken Charakter des unmittelbar relevantesten Schlüsselterms. Also konnten sie auch nicht − über die jeweiligen Kontexte und im Hinblick auf die Theorie als Ganzes − sich darüber klar werden, *welche* der fünf Hauptbedeutungen (a1, a2, bI_1, bI_2 und bII) in jedem jeweils gegebenen Kontext diejenige ist, die dem Text einen zugleich präziseren, plausibelsten und konsistenten Sinn gibt. Zweifellos ist dies auch, nachdem man das hier gegebene Schema in der Hand hat, an so manchen Stellen des Textes sehr schwierig und gelegentlich unmöglich. Es gibt aber jedenfalls mehr als genügend Passagen, die expressis verbis unmittelbar für unseren angeblichen Widerspruch relevant sind, um dies mit Hinsicht auf den in B 39 und B 203 geschehenden Gebrauch des Terms „Raum" zu leisten. Auf alle wichtigsten dieser Passagen habe ich daher gleich in den verschiedenen Teilen des Schemas in Klammern hingewiesen.

9.1 Aus der Analyse in den Sektionen 4 bis 6 ergab sich, daß Kant in B 39 von „Raum" *qua* „Form der Anschauung" und d.h. *qua* Form = Regeln des Anschau*ens* (s. a1) spricht, *qua* Regel oder Gruppe von Regeln also, die die synthetisierenden Operationen des sinnlichen, reproduktiven und konstitutiven Anschauens (s. a2) sowohl, als auch die des reinen, mathematischen, produktiven und konstruktiven Anschauens beherrschen (wenn auch nicht allein!).

9.2 Die in dem Schema unter (bI_1) und (bI_2) angezogenen Passagen machen expressis verbis klar, daß Kant dagegen in B 203 von dem spricht, was er „einen bestimmten Raum" nennt (B 138), dessen formalen Aspekt er auch als „formale Anschauung" bezeichnet (B 160/161 u. Anm.). ‚Raum' als „formale Anschauung" oder „bestimmter Raum" ist also die bestimmte räumliche Struktur der Gegenstände des von ‚Raum' als „Form der Anschauung" beherrschten Anschauens. Genauer gewendet: ‚Raum' als „formale Anschauung" ist die bestimmte räumliche Struktur oder Gestalt dessen, was durch die regelbeherrschte Kooperation von Anschauen, Einbilden und Denken entweder rein konstruiert oder in der Verarbeitung von sinnlichem Material durch diese Ko-Operationen *konstituiert* ist.

9.3 Damit ergibt sich:
(ad Sektion 2.3 (a) = B 39): Wenn ‚Raum' *qua* Regel oder Gruppe von Regeln, die die anschauenden Synthesen beherrschen, transzendental fungiert, d.h. eine *conditio sine qua non* für die reale Möglichkeit ist, geordnete Gegenstände des Anschauens zu haben, dann ist es nicht mehr als eine tautologische Reformulierung dieses Sachverhaltes zu sagen, daß

dieser „Raum", als Form, *alles* mögliche Anschau*en* und deshalb auch *alle* möglichen *Gegenstände* des Anschauens „*befaßt*" (im Sinne von: „*in diese Form faßt*"). Ebenso ist es dann offensichtlich, daß es nicht nur eine falsche, sondern eine sinnlose Aussage wäre zu sagen, daß *dieser* „Raum" räumliche Teile habe, die ihm als seine „Bestandteile" „vorhergehen" und „aus denen" er „zusammengesetzt" sei oder werden könne (s. die hervorgehobenen Teile der in Sekt. 2.3 (a) zitierten Passage von B 39).

Ferner:
(ad Sektion 2.3 (b) = B 203): Nehmen wir jetzt einmal das hier und in der Transzendentalen Ästhetik über „Raum" und „Zeit" als Formen des Anschau*ens* Gesagte als eine Prämisse. Verbinden wir sie mit der anderen Prämisse Kants, daß der menschliche Geist (B 42/43) und alle seine wirklichen Operationen oder Akte endlich und – weil Zeitlichkeit konstituierend – zeitlich (B 154/55, 155 Anm., 150) und also sukzessiv (a.a.O.) sind. Dann folgt aus diesen kolligierten Prämissen zwingend: Jede konstruierte Figur, Zahl und arithmetische oder algebraische Formel und alle konstituierten Dinge und Vorgänge müssen unter „Raum" und „Zeit" und Kategorien *qua* Regeln in zeitlichen (weil Zeitlichkeit konstituierenden) sukzessiven Operationen Stück auf räumliches Stück als „figürlich *bestimmte* Räume" = bestimmte räumliche Figuren aufgebaut werden. Dies aber ist genau das, was Kant in B 203 sagt!

9.4 Aufgrund der hier vorgelegten Rekonstruktion sieht man also erstmals leicht und zwingend: Weit entfernt davon, in B 203 dem in B 39 Gesagten zu widersprechen, zieht Kant in B 203 vielmehr nur eine logisch zwingende direkte Konsequenz aus B 39!

Damit sind von den so oft behaupteten und hier behandelten zentralen Schwierigkeiten und immanenten Widersprüchen der kritischen Theorie von „Raum" und „Zeit" als „Formen der Anschauung" und „formalen Anschauungen" durch die hier vorgelegte operationale Interpretation der Anschauungsformen als Regeln der Operation des Anschauens *alle* als bloßer Schein erwiesen!

10.1 Unter 2.3 (b), bei dem Zitat aus B 203, wurde auch auf B 460 hingewiesen. In B 203 ist aber von *endlichen* ‚bestimmten Räumen' und ihrer operationalen, zeitlichen und daher sukzessiven synthetischen Konstitution die Rede. Wogegen Kant in B 460 von dem Begriff eines extensiv potentiell *unendlichen* Raumes spricht und von seinem operationalen Sinn als dem unter der Raum-Regel des Anschauens durch sukzessive Synthesen grenzenlos fortgehen könnend zu Konstituierenden, also nie extensional Vollendbaren. Das Gemeinsame in B 460 und B 203 ist: Es wird an beiden Stellen nicht von ‚Raum' qua Regel des Anschauens, sondern vom ‚Raum' als ‚formaler Anschauung' gesprochen. Das Unterscheidende der Stellen liegt in folgendem: In B 203 wird von räumlichen Erscheinungen oder Objekten als abgeschlossenen Größen oder Ganzen gesprochen. Diese sind also etwas in abgeschlossenen oder abschließbaren Folgen von Synthesen Konstituiertes oder Konstituierbares. In B 460 dagegen ist von dem Phänomen die Rede, daß die je räumlich gleichzeitig gegebene Mannigfaltigkeit räumlicher Objekte in der Anschauung als eine gegeben ist, die sich über die verschwimmenden Grenzen des Wah*rnehmens* (z. B. Sehens) grenzenlos hinauserstreckt, so daß überall weitere und weitere äußere Erscheinungen „zu den gegebenen Erscheinungen noch hinzukommen können" (Fn. B 457). Tatsächlich nehmen wir ja wahr, daß das Wah*rnehmbare* nicht dort räumlich zu Ende ist, wo jeweils unser räumliches Wahrnehmen (Sehen, Ertasten, Hören) desselben gerade in ihm endet (uns also das Wahrgenommene in gewissen räumlichen Erfahrungen z. B. ‚aus dem Blick entschwindet'). Diesen, durch die jeweils aktual wahrgenommenen Teile und ihre Struktur *bestimmten Raum* nennt Kant in der Fußnote B 457 „absoluten Raum". Es ist die bestimmte räumliche und räumlich sich nicht nur aktuell, sondern prinzipiell über jedes aktuell Wahrgenommene hinaus erstreckende, wahrnehmbare Welt möglicher Erscheinungen.

Damit beginnt sich in der hier vorgelegten Interpretation noch etwas zu zeigen, was, soweit ich sehe, bisher gänzlich unbemerkt geblieben ist: daß nämlich in Kants Theorie implizit unterschieden wird zwischen zwei komplementären und nicht alternativen, sondern untrennbar zusammengehörenden Begriffen von Unendlichkeit: einem *intensionalen Begriff aktualer Unendlichkeit* und einem *extensionalen Begriff potentieller Unendlichkeit* von Reihen.

Den ersten dieser beiden komplementären Begriffe kann man besser auch als „Begriff intensional aktualer Unendlichkeit" (s. hierzu auch oben, Sektion 6.3) bezeichnen. Dieser Ausdruck legt nämlich richtig nahe, daß ihm, der ja Begriff einer Gruppe von *mit* der transzendental funktionierenden Tätigkeit des Geistes gegebenen Regeln der sukzessiven Konstruktion oder Konstitution von Mengen von Objekten ist, ein Begriff ‚extensional potentieller Unendlichkeit' genau und notwendig entsprechen muß (in Kants Transzendentalphilosophie).

Wenn dies sinnvoll und richtig ist, so ergibt sich in der vorgelegten Rekonstruktion also, wie unberechtigt es war und ist, Kant – ohne Differenzierung – einfach als einen Vertreter der sogenannten potentiellen Auffassung des Unendlichen zu zitieren. Denn er ist in Wirklichkeit (in seinem Text) Vertreter eines Begriffes aktualer intensional (mit der Natur der Operation „Anschauen" und der sie beherrschenden Regel oder Gruppe von Regeln) „gegebener" Unendlichkeit und *eben darum* (gemäß seiner transzendental operationalen Theorie) notwendig ineins Vertreter eines Begriffes potentieller extensionaler Unendlichkeit (des mit den „gegebenen" Operationen unter den „mit ihnen gegebenen", sie beherrschenden Regeln, konstruktiv oder konstitutiv immer weiter Erzeugbaren und Bestimmbaren).

Der Begriff aktualer intensionaler Unendlichkeit (= durch die Konstitutionsregel bedingter Grenzenlosigkeit) ist Kants Begriff von ‚Raum' und ‚Zeit' qua „ipsa mentis actione" gegebener Regeln oder Gesetze des konstruktiven oder konstitutiven Verarbeitens. Er ist der Begriff von ‚Raum' und ‚Zeit' als Formen des Anschauens.

Der komplementäre Begriff potentieller extensionaler Unendlichkeit ist sein Begriff von ‚Raum' und ‚Zeit' als ‚formalen Anschauungen' oder bestimmten räumlich-zeitlichen Gegenständen und den prinzipiell grenzenlos zu diesen immer noch weiter hinzu bestimmbaren möglichen Gegenständen.

10.2 Von beiden Begriffen ist schließlich die erst in der Dialektik behandelte Idee des extensional aktual Unendlichen wohl zu unterscheiden! Diese Idee ist, wie Kant in der *transzendentalen Dialektik* zeigt, als substanzialisierende und transzendent hypostasierende antinomisch und also unzulässig. Als bloß systematisch regulative, heuristische Idee freilich ist sie methodisch nützlich und zulässig. Darüber jedoch an späterer Stelle.

III. KAPITEL

Die sogenannte ‚Deduktion'

1. Argumente zur ‚Deduktion' der transzendentalen Rolle und objektiven Gültigkeit der Anschauungsformen und Kategorien finden sich nicht nur in den ‚metaphysischen und transzendentalen subjektiven/objektiven Deduktionen', sondern auch in den Analogien-Kapiteln, in der ‚Widerlegung des Idealismus' und in dem Kapitel über die Antinomien und ihre Vermeidung. 2.1 Es ging in der *Kritik* nicht um die Bedingungen der Möglichkeit aller beliebigen Arten von Erfahrung, sondern nur um die der wirklichen menschlichen Erfahrung. 2.2 Diese ist durch einige sehr merkwürdige und zugleich problematische Züge gekennzeichnet. 2.3 Das erste Problem liegt in der Eigenart, daß wir vorwissenschaftlich und wissenschaftlich in Erfahrungsurteilen immer schon über das je bis dahin aktuell Gegebene hinausgehen und überdies dabei nicht nur empirische Verallgemeinerungen, sondern ‚notwendige', gesetzartige Zusammenhänge annehmen: das Humesche Problem. 2.4 Kants Antwort auf das Humesche Problem. 3.1 Das zweite, Kants Theorie entscheidend bestimmende Problem liegt in der eigenartigen dreifachen Einheit der Erfahrung als Einheit des Erfah*renen,* des Erfah*rens* und des Erfah*renden.* 3.2 Diese dreifache Einheit ist, die Kant mit dem Term ‚Einheit der Apperzeption' bezeichnet. 3.3 Die Einheit der Erfahrung ist überdies eine solche, daß über ihr eine Erfahrungswissenschaft von der Art der Newtonischen errichtet werden kann. 3.4 Das *Faktum* und die *Forderung* der ‚Einheit der Apperzeption' sind auch oberstes *Kriterium* für die Deduktion. 4.1 Die Analyse der Bedingungen der Möglichkeit der Erfahrung muß u.a. eine Analyse des Zeitbewußtseins sein. 4.2 Die Analyse des Zeitbewußtseins in der sog. ‚subjektiven Deduktion'. 4.3 Die Vertiefung der Analyse und die Beiträge zu einer speziellen Deduktion in den Analogien. 4.4 Kants Theorie leistet *eine* wirkliche Beantwortung der Frage nach der weder logischen noch empirisch wahrnehmbaren ‚Notwendigkeit', die wir kausalgesetzlichen = gesetzesartigen Zusammenhängen zuschreiben. 5.1 Die Bedingungen der Erfahrung müssen Bedingungen der strukturellen Aussonderung und Bestimmung eines diachronischen, erfah*renden* Subjekts (Ich) *in* der Welt des Erfah*renen* sein. 5.2 Die entscheidende zentrale Bestimmung in Kants ‚Lehrsatz' der ‚Widerlegung des Idealismus'. 5.3 Ergänzende und präzisierende Rekonstruktion der ‚Widerlegung' als Teil der Argumentation zur ‚Deduktion'. 6.1 Das Antinomienproblem war ein weiteres Grundproblem, für dessen Lösung Kants Theorie konzipiert wurde. 6.2 Belegung dieser These als einer historisch-systematischen. 6.3 Die Notwendigkeit der

Vermeidung der Antinomien erzwang bereits die für die *Kritik* kennzeichnende Verbindung von erkenntnistheoretisch transzendental-idealistischer und empirisch-realistischer Korrespondenztheorie (für das Verhältnis von Erkennen und Erkanntem) mit einem gnoseologisch, metasprachlich zu formulierenden, agnostischen, ontologischen NONkorrespondenz-Realismus (für das Verhältnis von Erkanntem und transzendent Seiendem).
7. Bemerkungen zur nichtlinearen Struktur und zur Stärke der Argumentation in der ‚Deduktion'.

1.0 Das vorliegende Kapitel versucht eine rationale Rekonstruktion der Argumentation Kants für ‚Raum' und ‚Zeit' als Formen = Regeln des Anschau*ens*, wie auch seiner Argumentation für die Kategorien als Regeln des Denkens und damit beider Arten von Regeln als Regeln der synthetischen Konstitution aller möglichen Gegenstände des Erfahrens und der Erfahrungswissenschaft. Wie gezeigt wird, ist der entsprechende Beweisgang nicht schon vollständig in der sog. transzendentalen Erörterung bzw. Deduktion der Anschauungsformen und Kategorien enthalten. Vielmehr stehen wesentliche Teile der Argumentation – auch nach Meinung von Kant selbst (s. z.B. B XVIII m. Fn., XIX/XX m. Fn. XXI u. 534/35 = A 506/07) – in der transzendentalen Dialektik, im Kapitel über die Antinomien und ihre mögliche Vermeidung. Selbst wenn man aber das Antinomienkapitel mit Kant als ergänzende und den Beweisgang eigentlich erst abschließende „Gegenprobe der Wahrheit des Resultats" der ‚Deduktion' (BXX) oder als für diese Wahrheit „entscheidendes Experiment der Vernunft mit ihren Begriffen und Grundsätzen" (Fn. B XVIII/XIX) im Ganzen akzeptiert, fehlt noch sehr Wichtiges. Der direkte Teil des Beweisgangs bedarf – wie sich zeigen wird – für eine rationale Rekonstruktion, die seine relativ starke Plausibilität allererst sichtbar macht, auch noch einer Ergänzung auf der Basis von Kants sog. ‚speziellen Deduktionen' in den Analogienkapiteln der *‚Analytik der Grundsätze'* und in seiner *‚Widerlegung des Idealismus'*. Kurz: Die Deduktion der Anschauungsformen und Kategorien läßt sich rational als vollständige und einigermaßen plausible Argumentation nur rekonstruieren, wenn man dafür Kants sog. ‚Deduktion' mit den Analogienkapiteln, mit seiner ‚Widerlegung des Idealismus' und mit dem Antinomienkapitel *zusammen*nimmt.

2.1 Um die Stärke von Kants Argumentation erkennen zu können, ist es ferner unbedingt nötig, das Mißverständnis zu vermeiden, als ginge es in der *Kritik* um die ‚Bedingungen der Möglichkeit' aller beliebigen denkbaren Arten von Erfahrung. Das wäre ein völlig aussichtsloses Unterfangen. Kant stellt sich aber nur eine viel näherliegende und vernünftigere Frage: Wie nämlich *diejenige* Art von Erfahrung und Erfahrungswissenschaft möglich sei, die wir, also die Menschen (s. z.B. B 42 = A 26) *wirklich* haben.

2.2 Diese Frage ist deshalb nicht so aussichtslos, weil, wie Kant wohl als erster sah, jedenfalls aber als erster in das Zentrum seiner Erkenntnistheorie stellte, unsere Art von Erfahrung und Erfahrungswissenschaft einige besonders merkwürdige, charakteristische und zugleich problematische Züge aufweist:

2.3 Da ist zunächst jener Zug, der das sogenannte Humesche Problem darstellt. Es liegt darin, daß wir in *allem* Erkennen — schon in der vorwissenschaftlichen Erfahrung, insbesondere aber in den Wissenschaften — immer schon über das „unmittelbar" vorliegende, anschaulich selbst Gegebene hinausgehen und für unsere Begriffe, Urteile und Redeweisen Gültigkeit beanspruchen für das noch nicht oder nicht mehr selbst Gegebene — und zwar mit Erfolg. Das Problem ist dann: Worin liegt der Grund der Gültigkeit von Urteilen über Gegebenes hinaus? oder, mehr Kantisch formuliert: Wie ist die Gültigkeit von Urteilen über Gegebenes hinaus möglich?

Dieses Problem wurde von Kant, wie von Hume, irrtümlich mit der Rechtfertigungsfrage (questio juris): Mit welchem Recht stellen wir solche Urteile auf? identifiziert. Dieser Irrtum hat aber negative Konsequenzen nur für die Rechtfertigungsfrage. Dann nämlich, wenn, wie bei Hume, die Frage der Begründung und Begründbarkeit der Gültigkeit negativ entschieden wird und damit, wie man wegen der falschen Identifizierung meint, auch die Rechtfertigungsfrage. Für eine Analyse, die zeigt, daß die Fragen der Gültigkeit, der Begründung der Gültigkeit und der Rechtfertigung im oben formulierten Sinne drei verschiedene, unabhängige Fragen sind, muß ich hier auf Krausser (1963) verweisen. Da der Irrtum ihrer Identifizierung nachteilige Konsequen nur für die Behandlung der Rechtfertigungsfrage, nicht aber für die der Begründungsfrage hat, und da Kant unter dem Namen von jener diese behandelte, kann dieser Irrtum für die folgende Rekonstruktion von Kants Theorie ohne Schaden ignoriert werden.

Eine Umformung der genannten Problemstellung zeigt genauer, worin Kant mit Hume übereinstimmt und wo ihre Wege auseinandergehen. Kant teilt mit Hume zwei Ansichten:

1. Erfahrung zeigt immer nur, wie etwas war und ist, z.B. wiederholte ‚conjunctions' ähnlicher Ereignisse, aber niemals, daß es notwendig so sein muß, also keine ‚necessary connections' (notwendige Verknüpfungen) von Ereignissen.

2. In unseren Urteilen und besonders den empirisch naturwissenschaftlichen Gesetzeshypothesen und an sie anknüpfenden Voraussagen von Beobachtungen und Befunden selbst ausgedachter und arrangierter Experimente behaupten wir aber strenge und notwendige Allgemeingültigkeit für gewisse Verknüpfungen (connections) von Ereignissen bestimmter Art.

Frage: Mit welchem Recht tun wir 2 angesichts der Unbestreitbarkeit von 1?

2.4 *Antwort* (und hier trennen sich Hume und Kant):

Humes Antwort:
Wir tun es *ohne* Recht aus bloßer Gewohnheit. Die in 2 implizit angenommene Notwendigkeit und strenge Allgemeingültigkeit der Verknüpfung ist eine Illusion. Sie besteht nicht.

Kants Antwort:
„Die Vernunft (geht) mit *ihren* Prinzipien, nach denen allein übereinkommende Erscheinungen (z.B. Humes regelmäßig wiederholte ‚conjunctions') für Gesetze gelten können („welche die Vernunft sucht und bedarf") ... an die Natur ... Die Vernunft selbst legt (also versuchsweise die Gesetze) in die Natur" (B XIII–XIV) und konstituiert so erst Natur, Erfahrung und Gegenstände der Erfahrung.

Es ist eine hübsche Ironie, daß Kant mit dieser Antwort – falls die natürlich noch erforderliche systematische Abstützung auch geliefert werden kann – sozusagen ein besserer Empirist ist als Hume. Dann nämlich, wenn man unter einem Empiristen jemanden verstehen möchte, der unsere Erfahrung erklärt (statt sie als Illusion = Nichterfahrung wegzuerklären). Kants Grundgedanke in Hinsicht auf das Humesche Problem läßt sich, wie mir scheint, besonders schlicht und einleuchtend mit Kingeling (1961, S. 90) formulieren:

„Das Gesetzmäßige der Erkenntnis kann aus der bloß empirischen Position nicht verständlich werden (... Hume); vielleicht ist aber ein rationales Moment (das der Gesetzgebung) in eine erlaubte Beziehung auf Erfahrung zu bringen. Andererseits kann man rationalen Gesetzen keine Anwendung verschaffen; es ist aber vielleicht ein empirisches Moment (das bloß Gegebene, die Empfindung) mit der Gesetzes*forderung* des Verstandes in Übereinstimmung zu bringen."

III.2.4–3.1

Kants Antwort auf das Humesche Problem lautet also:
(a) Die Gesetzmäßigkeit der Verhältnisse in der erfahrenen Natur ist ein Bedürfnis und eine Forderung der Vernunft.
(b) Die obersten Meta-Gesetze, d.h. die Gesetze, die festlegen, welche Arten von gesetzlichen Beziehungen der erfahrenen Natur aufgeprägt, zugesprochen werden müssen (und dürfen), damit überhaupt eine Erfahrung von der Art der menschlichen möglich ist, gehören der Vernunft selbst an. Sie gehören ihr an als Regeln *der* Verarbeitung, mit der wir aus gegebenen sinnlichen Mannigfaltigkeiten die Gegenstände und ihren Zusammenhang in unserer Erfahrung konstituieren.
(c) Jede bestimmte gesetzliche Beziehung müssen wir uns, gemäß den Meta-Gesetzen oder Regeln unserer Vernunft, selbst ausdenken und hypothetisch versuchsweise an die Erfahrung herantragen. Um zu sehen, ob und wie weit sich diese widerstreitlos darunter ordnen läßt (vgl. B 818–819 u. hier Kap. I, 2.3 u. 2.6 sowie 3.1 u. 3.5 – 3.7).

Diese Antwort ist – soweit – *nur ein Teilaspekt* der Theorie Kants und damit auch seiner ‚Deduktion'! Zum Beispiel sagt sie noch nichts darüber, *was* für Meta-Gesetze und *welche* Gruppe von Meta-Gesetzen erforderlich sind. Ihre Rechtfertigung besteht zunächst und bis hier nur darin, daß sie das Humesche Problem löst und *so* löst, daß sie dabei das wirkliche vorwissenschaftliche und wissenschaftliche Vorgehen in unserem Erkennen erklärt.

3.1 Ein zweites, für Kants Theorie zentrales Grundfaktum und Grundproblem stellt die folgende, höchst bemerkenswerte Eigentümlichkeit der menschlichen Erfahrung dar:
(a) Sie weist schon vorreflektiv und vorwissenschaftlich eine eigenartige dreifache Einheit auf. In ihr erscheint nämlich
eine als ganzheitlich in sich zusammenhängend erfah*rene* Welt[1] als Gegenstand je
eines ganzheitlich in sich zusammenhängenden Erfahr*ens*[2] von je
einem ganzheitlich in sich zusammenhängenden Subjekt: dem *in* der wahrgenommenen Welt mitwahrgenommenen, die Welt von einer Stelle in ihr[3] Wahrnehm*enden* und Erfah*renden*.[4]

[1] s. A 108, 111, 112, 116f. mit Fn. 117, 125/26, 129; B 133, 135, 139 zus. mit: B 260, 261, 263, 275/76, XXXIX–XLI, Fn. 276/77, 278/79, 291–294.
[2] s. A 108, 110, 111, 112, 121; B 135, 197, 263 u.a.
[3] B 260, 261, 275–277, XXXIX–XLI, 291–294.
[4] A 107; B 69, 66–72; insbes. letzte Klammer im letzten Satz von B 72! Ferner B XL/XLI (Anm. zu BXXXIX), 275–279.

(b) Unter (a) ist die Einheit des Ich noch nicht vollständig berücksichtigt. Es ist sozusagen nur die je *synchronische* ganzheitliche Einheit des wahrnehmenden Subjekts erwähnt. Jeder von uns kommt sich aber nicht nur — normalerweise — jederzeit als *ein* Subjekt vor. Jeder *kann* sich normalerweise auch durch die Zeit hindurch gedanklich mit sich selbst identifizieren. Mit anderen Worten: Das Ich ist nicht nur in allen seinen Aspekten und Akten oder Bewußtseinszuständen *ein* synchronisch ganzheitlich zusammenhängendes Ich. Es *kann* auch jederzeit als *ein* diachronisch, längs seiner Lebensgeschichte numerisch identisch bleibendes Ich gedacht werden.[5] Und dies, *obwohl* es *keineswegs* für sich selbst jetzt hier *qualitativ* mit sich an einem oder gar jedem früheren Zeitpunkt einfach *identisch ist* oder sich mit sich selbst, wie es an einem oder allen früheren Zeitpunkten war, qualitativ identifizieren kann. Nochmals anders gewendet: Das Subjekt ist in jeder zeitlichen Phase seines Erfahrens *nicht* mit sich selbst in allen oder auch nur einigen anderen zeitlichen Phasen *qualitativ inhaltlich* völlig *identisch*[6]. (Der Mensch verändert sich ja mit der Zeit. Er und sein Bewußtsein haben immer eine Geschichte.) Und *dennoch* ist es dem Subjekt jederzeit *möglich*, sich je jetzt-hier mit sich selbst zu früheren Zeitphasen seines bewußten Erfahrens *numerisch*[7] zu identifizieren. Diese Identifizierung ist, wie Kant wohl mit Recht meint, eine bloß gedankliche und eine bloß mögliche (nicht jederzeit wirkliche). Wir *können* uns also jederzeit als *ein* Ich denken, welches durch alle seine erfahrungsgeschichtlichen qualitativen Veränderungen und Diskontinuitäten hindurch *numerisch ein und dasselbe* war und ist.

Mit dem, was wir eben unter (b) sagten, ist bereits auch gesagt, daß und wieso das synchronisch-diachronisch numerisch identisch gedachte Ich nicht mit dem nur sozusagen ‚in seinem Rahmen' möglichen und wirklichen ‚empirischen Ich' des sog. ‚inneren Sinnes', also der inneren Selbstgewahrung gleichgesetzt werden kann. Nur nebenbei sei an dieser Stelle, vorgreifend auf später zu Behandelndes, schon darauf hingewiesen, daß diese beiden Ichbegriffe,

(1) der in dem Begriff der transzendentalen Einheit der Apperzeption enthaltene und

(2) der des ‚empirischen Ich' der inneren Selbstwahrnehmung bei Kant noch einmal verschieden sind von

---

[5] A 107, 113, 362, 402.
[6] s. A 107, 402, 403; B 132, 133, 134, 137.
[7] s. A 107, 113, 362, 402.

(3) dem ‚Ich' als letztem ‚logischem Subjekt' = dem grammatikalisch erforderlichen Substrat aller Bewußtseinszustände und dem Akteur aller seiner Bewußtseinsakte. Dieses bloß leer gedachte sog. ‚logische Subjekt' steht im Mittelpunkt des ‚Ich denke' der Paralogismenkapitel (deren ‚Ich denke' also *nicht* mit dem ‚Ich denke' des § 16 der Deduktion gleichgesetzt werden darf!!) und von

(4) dem transzen*denten* nur noumenalen, intelligiblen ‚Ich', an sich genommen, das nur postuliert werden *muß*, aber wie alle Dinge, wenn sie an sich genommen werden, nicht erkannt werden kann. Dieses ‚Ich' steht im Mittelpunkt von Kants Antinomie der Freiheit und seiner Ethik.

3.2 Die unter 3.1 (a) und (b) gekennzeichnete dreifache Einheit oder Ganzheit unserer normalen Erfahrung (um pathologische Erfahrung geht es bei Kant nicht) ist offenbar genau die, die Kant mit dem Terminus ‚Einheit der Apperzeption' bezeichnet. Dieser Terminus meint also, wozu sich äquivoke Begriffe der Form ‚...ion' oder ‚...ung' geradezu anbieten, ineins die Einheit des Apperzip*ierten*, des Apperzip*ierens* und des Apperzip*ierenden* (s. insbes. die explizite Vereinigung aller drei Bedeutungen oder Einheiten in A 106, 108, 111, 112; B 133, 135, 139).

Um Mißverständnisse zu verhüten, sei ausdrücklich darauf hingewiesen, daß die in 3.1 (a) und (b) beschriebenen Charaktere *nicht* Züge dieser oder jener oder jeder sog. Einzelerfahrung (Erfahrung von diesem oder jenem Ereignis oder Ding) sind. Sie sind nicht Charaktere, die alle einzelnen Vorstellungen ‚gemein haben' (B 137). Der Begriff von ihnen, der Begriff der ‚Einheit der Apperzeption', ist also für Kant und in Kants Terminologie kein entweder induktiver oder analytischer (s. Fn. B 133), durch verallgemeinernde Zusammenfassung von Merkmalen, die sich an mehreren Gegenständen finden, gebildeter, ‚diskursiver oder allgemeiner' Begriff (B 136 Fn.). Vielmehr ist der Begriff der ‚Einheit der Apperzeption', wie Kants Anmerkungen zu ihm in B 136 und im ersten Absatz von A 110 auch *expressis verbis* deutlich machen, ein Begriff einer Einheit = *Ganzheit*, in der „viele (verschiedene) Vorstellungen als in einer und deren Bewußtsein enthalten, mithin als zusammengesetzt" angetroffen werden, „folglich die Einheit des Bewußtseins als synthetisch, aber doch ursprünglich angetroffen wird". (B 136 Fn.; Zus. i. d. Klammer v. mir.) In dem nicht diskursiv-induktiven und auch nicht analytischen Charakter des *Ganzheits*begriffs der „Einheit der Apperzeption" liegt wohl *ein* entscheidender Grund dafür, warum Kant den Begriff und die Erkenntnis dieser Einheit für synthetisch apriorisch hielt.

Was in 3.1 (a) und (b) beschrieben und in Kants zentralem Begriff der ‚Einheit der Apperzeption' gefaßt ist, ist somit *erstens* das ganzheitliche *Grundfaktum* für die kritische Theorie Kants.

3.3 Zu den bisher angegebenen Eigentümlichkeiten unserer Erfahrung kommt nun für die *Kritik*, wie für jede Erfahrungs- und Wissenschaftstheorie, noch eine andersartige hinzu:

Die Erfahrung hat überdies eine Struktur von Zusammenhängen zwischen den in ihr phänomenal segregierten Teilen so, daß über ihr eine wirkliche Erfahrungswissenschaft von der Art der Newtonschen Mechanik mathematisch-theoretisch-experimentell aufgebaut werden konnte.

Da diese somit vierfache Ganzheit unserer Erfahrung für uns *wirklich* ist und, was wirklich ist, auch möglich sein muß, ergibt sie also *zweitens* das *Problem*: Wie ist eine Erfahrung mit dieser vierfachen inneren Zusammenhangsstruktur möglich? – das *Grundproblem* der Erkenntnis- und Wissenschaftstheorie in Kants *Kritik der reinen Vernunft*.

3.4 Im Zusammenhang mit dem Humeschen Problem und Kants Antwort darauf gibt das *Grundfaktum* der vierfachen Einheit der Apperzeption nun außer dem *Grundproblem* noch etwas sehr Wichtiges her: ein *Kriterium* für die Beurteilung *denkbarer* Metagesetze darauf hin, ob sie als transzendentale Metagesetze von der Art angesehen werden können, die in Kants Antwort auf Humes Problem (nach 2.4 (b)) gefordert oder vorausgesetzt wird.

Jedes für die gesetzmäßige Ordnung der Erfahrung als Metagesetz in Frage kommende Gesetz muß nach diesem Kriterium nämlich nicht nur dazu dienen, der Erfahrung irgendeine Art von Ordnung zu geben. Es muß vielmehr eines sein, das gerade zu einer Ordnung von nur der durch die vierfache Einheit der Erfahrung gekennzeichneten Art führt oder beiträgt.

4.1 Die dreifache Einheit der Apperzeption ist, wie wir in 3.1 schon gesehen haben, eine synchronische und diachronische Einheit. Deshalb muß die Analyse der Bedingungen der Möglichkeit einer Erfahrung, die diese dreifache Einheit aufweist, u.a. den Charakter einer Analyse des Zeitbewußtseins haben oder haben können. Und diesen Charakter haben in der Tat bei Kant sowohl die Deduktion, insbesondere die sog. ‚subjektive Deduktion' in A, als auch die zu der Deduktion gehörenden Teile des *Analogien*kapitels und der *Widerlegung des Idealismus*. Diese Kapitel vertiefen in der angegebenen Reihenfolge sozusagen Schritt für Schritt Kants Analyse des Zeitbewußtseins.

III.4.2

4.2.0 Wir betrachten in diesem vierten Abschnitt zunächst den Teil der Analyse, der als bloße Skizze (in der die entscheidenden Punkte aber schon enthalten sind) in *beiden* Auflagen im dritten Abschnitt der sog. ‚metaphysischen Deduktion' (A 78–79 = B 104–105) enthalten ist. Er ist in der ‚subjektiven Deduktion' der ersten Auflage nur etwas detaillierter ausgearbeitet. Siehe dafür insbesondere den ersten Satz des auf A 97 beginnenden Absatzes und die Passage A 99 (1. Abs.) bis A 108 (vorletzter Satz).

Um diesen wichtigen Teil der ‚Deduktion' zu rekonstruieren, braucht man nur darauf hinzuweisen, daß bei aller Korrekturbedürftigkeit vieler Sätze in diesen Textteilen die entscheidenden drei Punkte, die Kant darin macht, sowohl phänomenologisch als auch experimentell wahrnehmungspsychologisch als auch nach allem, was uns die moderne kybernetische Systemtheorie klargemacht hat, richtig sind. Diese drei Punkte sind die folgenden:

4.2.1 Unser Bewußtsein – und das ist die einzige Art von Bewußtsein, die wir kennen und die in einer Theorie menschlicher Erkenntnis zur Debatte steht – ist
(a) zeitlich sukzessiv und
(b) dennoch ein durch seine zeitlich sukzessiven Zustände und Gegenstände hindurch in der oben unter 3.1 (a) und (b) gekennzeichneten Weise dreifach ganzheitlich in sich zusammenhängendes Bewußtsein. Es ist nicht nur ein oft empirisch phänomenales Faktum, sondern auch „notwendig" (d.h. eine Bedingung, ohne die ein solches Bewußtsein nicht möglich wäre), daß das stets viele und verschiedene, in sog. Anschauungen enthaltene sinnliche Material (das „Mannigfaltige", wie Kant in einer kurzen und genialen, weil auf das allein erkenntnistheoretisch Wesentliche konzentrierenden Begriffsbildung sagt)
(a) durchlaufen und
(b) zusammengenommen
werden muß (A 99; B 102).

Nota bene: Diese beiden Aktivitäten des Bewußtseins sind keine bloß spekulativ angenommenen, sondern auch empirisch reale Aktivitäten. Insbesondere bei komplexen Gegenständen ist diese, von Kant „Synthesis der Apprehension" genannte Aktivität des Wahrnehmens auch empirisch, und zwar sowohl phänomenologisch als auch in der experimentellen Wahrnehmungsanalyse feststellbar und festgestellt worden.

4.2.2 Jedes Zusammennehmen von etwas *als* nacheinander Durchlaufenes wäre offenbar unmöglich, ohne (c) einbildende Reproduktion mindestens des im Durchlaufen und Zusammennehmen je unmittelbar zuvor

Durchlaufenen (A 100–102: Synthesis der Reproduktion in der Einbildungskraft, s. auch B 104).

Nota bene: Daß Wahrnehmungen, wie wir sie haben, nicht ohne reproduktive und übrigens auch produktive Beteiligung von Einbildung zustande kommen können, ist in der modernen experimentellen Wahrnehmungsphysiologie und -psychologie (die gerade an den sozusagen „physiologischen Illusionen" in der Wahrnehmung besonders interessiert waren) detaillierter deutlich gemacht worden, als Kant es sich hätte träumen lassen können.

4.2.3 (a), (b) und (c) könnten offenbar immer noch nicht die Konstitution eines zusammenhängenden Bewußtseins leisten, ohne (d) eine Identifizierung des je Reproduzierten als Reproduktion des je zuvor Gehabten (A 103/04: Synthesis der Recognition im Begriffe; s. auch B 104).

Nota bene: Daß diese synthetische Identifizierungsfunktion eine mit Begriffen geleistete ist, ist nun freilich nur auf der Ebene expliziten Urteilens phänomenal. Und es ist nicht wahrscheinlich, d.h. es gibt keine guten Gründe für, aber viele Gründe gegen die Annahme, daß die synthetische Aktivität, die zweifellos auch schon im vorsprachlichen Leben von Babies in deren Wahrnehmungen geleistet werden muß, als Synthesis durch oder in „Begriffen" anzusehen ist. Das ist aber ein Einwand, der nur die Bezeichnung der synthetischen Funktion, nicht die Funktion selbst trifft. Und nur auf diese kommt es auch für Kants Theorie an.

Wenn man einmal darauf aufmerksam gemacht worden ist, sieht man leicht, daß Zusammenhänge zwischen verschiedenem und zeitlich nebenoder nacheinander Gehabtem nicht nur und erst in expliziten Urteilen, sondern schon vorreflektiv und vorsprachlich in allem Wahrgenommenen qua Wahrgenommenem vorliegen und also im physiologischen Vorgang des Wahrnehmens produziert oder reproduziert worden sein müssen. Man wird dann leicht auch die Annahme Kants nachvollziehen können, daß, wie er A 79 = B 104/05 sagt, „dieselbe Funktion, welche den verschiedenen Vorstellungen in einem Urteil Einheit (lies: Zusammenhang) gibt, ... auch der bloßen Synthesis verschiedener Vorstellungen in einer Anschauung Einheit gibt".

Es ist leicht zu sehen, daß in dieser — von Kant nirgends explizit begründeten — Annahme „nichts weiter" geschieht, als eine Hypostasierung einer auf der Ebene expliziten Urteils konstatierbaren und unentbehrlichen und dort begrifflichen Funktion in die Ebene unbewußter synthetischer Verarbeitungsprozesse, die schon für die vorreflektive Wahrnehmung konstitutiv sind. Eine solche Bemerkung ist offenbar völlig richtig und unbestreitbar. Wenn und wo sie aber zugleich als Einwand gegen

Kants Verfahren und Theorie gewertet wurde, irrte man ebenso offensichtlich. Kant konnte sehr wohl eine besondere Begründung dieser Annahme als unnötig ansehen, weil sie aus dem allgemein bekannten und von ihm ausdrücklich anerkannten (s. B 680, 1. Abs. und B 681/82) heuristischen Grundsatz, „daß man die ... Prinzipien nicht ohne Not vervielfältigen soll", schon ohne weiteres gerechtfertigt ist. Eine Notwendigkeit nämlich, hier für die Ebene unbewußter Synthesen im Wahrnehmen das Wirken neuer, anderer, empirisch und logisch unbekannter Funktionen, statt einer logisch und empirisch bekannten anzunehmen, bestand für die Theorie Kants (mindestens zu seiner Zeit) nicht.

Diese Analyse des Zeitbewußtseins, soweit wie sie in der Deduktion in A getrieben wird, zeigt abermals nur die allgemeine Notwendigkeit irgendwelcher Regeln der anschauenden und denkenden Verarbeitung gegebener sinnlicher Mannigfaltigkeiten für die Konstitution geordneter Wahrnehmungen.

4.3 Eine ‚Deduktion' der Notwendigkeit und objektiven Gültigkeit *bestimmter* Regeln dafür muß in einer Theorie von der Art der Kantischen — wie sich schon in 3.4 andeutete — offenbar ein anderes Grundmuster haben. Es läßt sich etwa folgendermaßen skizzieren:

4.3.1 ‚R ist (muß sein) eine Kategorie = Regel des denkenden Verarbeitens sinnlich gegebener Empfindungsmannigfaltigkeiten zu den Gegenständen unserer Wahrnehmung und Erfahrung, weil ohne diese Funktion von R im gegenstandskonstitutiven Prozeß unsere Erfahrung insgesamt nicht jene eigentümliche, dreifach differenzierte Einheit haben könnte, die sie doch hat, nämlich den Zusammenhang *einer* gegenständlich wahrgenommenen und erfahrenen Welt, der diese erscheinen läßt als Zusammenhang der Objekte *eines* ganzheitlich zusammenhängenden Wahrnehmens, Erfahrens (Bewußtseins) je *eines*, in der wahrgenommenen und erfahrenen Welt mitwahrgenommenen und -erfahrenen, sie von einer Stelle in ihr wahrnehmenden und erfahrenden Subjekts, das sich durch die empirisch qualitativen zeitlichen Verschiedenheiten seiner selbst hindurch mit sich selbst gedanklich *numerisch* identifizieren *kann*.'

Diese ‚Einheit der Apperzeption' enthält in sich die Differenzierung des Ganzen aller zeitlichen Zusammenhänge in solche der Folge, der Dauer und des Zugleichseins der Gegenstände (Dinge und Vorgänge) einerseits und der Folge, Dauer und des Zugleichseins der Akte des Wahrnehmens und Erfahrens jener Gegenstände andererseits.

Eine spezielle Deduktion der ‚Notwendigkeit' und ‚Gültigkeit' eines in Frage stehenden Begriffes R als Kategorie wird also u.a. die Form einer Argumentation für die Unentbehrlichkeit des betreffenden R als

Regel für die Konstitution jener eigentümlichen Differenzierung der zeitlichen Ordnung in zwei nicht strikt parallele, aber gesetzlich zusammenhängende zeitliche Ströme, den Strom der Dinge und Vorgänge einerseits und den des Bewußtseins von denselben andererseits, annehmen können.

4.3.2 Eben diese Form haben offenbar erhebliche Teile des Textes zum ‚Prinzip der Analogien der Erfahrung' und zur ersten und zweiten Analogie.

In den Zusammenhang dieses argumentativen Interesses gehört wahrscheinlich schon die in den Formulierungen der Grundsätze in A noch sehr deutliche, in B zurückgetretene Unterscheidung der Prinzipien für die ‚Axiome der Anschauung' und ‚Antizipationen der Wahrnehmung' als Grundsätze, die sich auf ‚Erscheinungen *ihrer Anschauung nach*', also auf die Ordnung im Anschau*en* beziehen, von dem Prinzip der Analogien sowie den Analogien selbst, als Grundsätze, die sich auf ‚Erscheinungen *ihrem Dasein nach*', also auf Erscheinungen qua Gegenstände (= Ang*eschautes*) beziehen (vgl. hierzu auch A 178 ff. und B 220/21).

Es ist nicht nötig, darüber zu spekulieren, warum Kant in B von dieser systematisch wie didaktisch angebrachten sprachlichen Differenzierung keinen Gebrauch mehr macht. Es genügt festzuhalten, daß für unsere Rekonstruktion nach allem schon Gesagten die Fassungen der Grundsätze in A denen in B vorzuziehen sind.

4.3.3 Als in den Zusammenhang des Interesses an einer speziellen Deduktion gehörig kann auch die Überlegung im zweiten Absatz des ‚Beweises' der ersten ‚Analogie' angesehen und − mit einigen Korrekturen − rekonstruiert werden.

Da die Akte der Apprehension des Mannigfaltigen stets zeitlich sukzessiv sind und keiner von ihnen dauert, ist für die Möglichkeit der für uns wirklichen und in ihrer Möglichkeit zu erklärenden Unterscheidung von Folge und Zugleichsein bereits vorausgesetzt, daß es im Wahrgenommenen (also auf der Gegenstandsseite!) neben dem Wechsel ‚jederzeit' auch etwas Invariantes, Bleibendes gibt. Der Text sagt fälschlich, es sei vorausgesetzt, daß etwas „jederzeit ist, d.i. etwas Bleibendes und Beharrliches ..." ist, statt, wie es richtig heißen müßte: ‚daß jederzeit irgendetwas ist, das etwas Bleibendes ist". In Kants Formulierung wird, in Übereinstimmung mit dem unmittelbaren Kontext (vgl. B 224 und 228/29) ein absolut Bleibendes verlangt, in der vorgeschlagenen Rekonstruktion dagegen nur relativ Bleibendes, das sich mindestens zeitlich überlappen muß.

Dieser Punkt ist so wichtig, daß wir ihn ein wenig weiter betrachten müssen. St. Körner (1955) behauptet − S. 85 − „while the assumption

III.4.3

that there is an absolutely permanent substance *does account for our experience of time*, it is not the only account possible and not even the only account which is compatible with the teachings of the Transcendental Aesthetic". Demgegenüber sei hier betont: Die Annahme einer absoluten Permanenz leistet gar nichts für die Möglichkeit unserer Erfahrung mit Zeitlichem! Nur die Annahme *relativer* Permanen*zen* (Plural!) — entsprechend unserer Rekonstruktion — ermöglicht die Unterscheidung zwischen Folge und Zugleichsein und Dauer (= Zugleichsein mit einer Folge — B 67), also die Bestimmung, „ob das Mannigfaltige, *als Gegenstand der Erfahrung*, zugleich sei oder nacheinander folge" (B 225 = A 182). Und nur diese Annahme ermöglicht die Erfüllung der Forderung nach Einheit der Apperzeption, also nach Konstitution *eines* durchgängigen, aber gesetzmäßig differenzierten strukturellen Zusammenhanges des Erfahrenen, des Erfahrens und des Erfahrenden.

Daß Kant hier immanent falsch formuliert — und denkt —, wird noch deutlicher bei der folgenden Erläuterung, die R.P. Wolff (1963, S. 255) als Kants drittes Argument bezeichnet: „Durch das Beharrliche allein bekommt das *Dasein* in verschiedenen Teilen der Zeitreihe nacheinander eine *Größe*, die man *Dauer* nennt." (B 226 = A 183; Hervorhebungen v. mir.) Diese Behauptung stimmt offenbar nur, wenn mit dem ‚Beharrlichen' *relativ* Beharrliches gemeint ist. Denn nur dieses kann eine *Größe* haben oder ergeben, da alle Größe relativ ist. Ein *absolut* Beharrendes hat keine Größe des Dauerns und ermöglicht keine Bestimmung eines mehr oder weniger großen Dauerns von irgendetwas. Es ermöglicht also weder komparative noch quantitative Zeitmessung (genauer: Vergleich oder Messung der zeitlichen Dauer und des zeitlichen Abstandes von Dingen, Vorgängen oder Ereignissen gegenüber anderen oder gegenüber ausgewählten Standard-Dauern oder -Abständen von gewählten Standard-Vorgängen), wie sie uns doch vorwissenschaftlich bzw. erfahrungswissenschaftlich möglich ist. (Siehe zur Ergänzung auch unseren expliziten Rekonstruktionsvorschlag für Kategorie, Schema und Grundsatz von ‚Substanz-Akzidens' in Kap. IV, 6.3.)

An dieser Stelle muß auch der hier wie an mehreren anderen Textstellen zu findende Fehler abgewiesen werden, die Anschauungsform (AF) ‚Zeit' selbst als ‚beharrlich' (B 224) oder — entgegengesetzt — als ‚fließend' (B 211/12) oder als ‚beständig' (B 226 = A 183) zu bezeichnen. Ist die ‚Zeit', wie in Kants Theorie, AF, dann gilt nicht nur, wie Kant hier (B 226) richtig sagt, „der Wechsel trifft die Zeit selbst nicht, sondern nur die Erscheinungen in der Zeit", dann gilt ebenso, daß auch Bleiben, Beharren, Dauern nicht die Zeit selbst, sondern nur die Erscheinungen in ihr betreffen können. Entgegen Kants Behauptung in der Fortsetzung des eben aus B 226 zitierten Satzes und in Übereinstimmung mit seiner Meinung in B 67 und B 219 und den meisten anderen Stellen gibt es für uns „in" der Zeit (und nur in ihr) auch Teile = zeitliche Dinge, Vorgänge, Ereignisse etc., die zugleich mit dem Nacheinander anderer sind (= dauern) und nicht nur Teile, die „alle nacheinander sind" (a.a.O.). Es sei hier deshalb auch nochmals auf die Postulate oder Forderungen 4 und 5 und die Erläuterungen dazu in der ausführlichen Formulierung der Anschauungsform ‚Zeit' in Abschnitt 7.2 von Kapitel II verwiesen!

Das Problem ist also gar nicht, wie wir von einer bloßen Sukzession im Wahrnehmen zu einer gesetzmäßigen Differenzierung und Ordnung des Wahrgenommenen nach Bleibendem, Zugleichseiendem und nacheinander Folgendem kommen. Vielmehr ist das Problem, wie wir von einer solchen Differenzierung und Ordnung im Wahrnehmen dazu kommen, gesetzmäßig die Ordnung von Dauer, Folge und Zugleichsein im *Wahrnehmen und* eine Ordnung von Dauer, Folge und Zugleichsein im Wahrgenommenen *qua Wahrgenommenen und* einer Ordnung von Dauer, Folge und Zugleichsein in den wahrnehmbaren Dingen, Vorgängen oder Ereignissen zu unterscheiden und zu verknüpfen. So, wie wir es vorwissenschaftlich und wissenschaftlich können und immer schon tun.

Die Differenzierung in relativ Beharrliches und Wechselndes, so muß übrigens erinnert werden, wird schon für die Anwendung der Kategorie ‚Substanz-Akzidens' in deren Schema vorausgesetzt. Dies ist um so interessanter, als der Satz, daß es in den Erscheinungen jederzeit nicht nur Variables, sondern stets auch Invariantes gibt, auch nach Kant ein nur empirisch erkennbarer Satz ist.[8] Hier spielt also explizit neben der AF ‚Zeit' und den Kategorien auch ein empirisches Faktum die Rolle einer transzendentalen *conditio sine qua non* der Möglichkeit des Zeitbewußtseins!

4.3.4 Geht man nun zum Text der zweiten Analogie über, so setzt diese schon die erste voraus, insofern sie nach dem ersten Absatz des ‚Beweises' (B 232/33) nur die Akzidenzien, also nur die eine Seite einer Differenzierung betrifft, die durch die Kategorie ‚Substanz-Akzidens' als solche konstituiert wird und sich in der ersten Analogie (Fassung A) niederschlägt.

Im zweiten Absatz beginnt dann eine Argumentation, die ebenfalls in den Zusammenhang einer speziellen Deduktion — hier der Kausalkategorie — gehört. Kant geht in der Darstellung didaktisch von einer — gemäß seiner Theorie des Anschauens konstruierten — irrealen Lage

---

[8] Vgl. auch B XLI (in der Fn. XXXIX), 3, 48/49, 155 u. Fn., 213, 252, 281 (Zeile 1 u. 2), 480 (1. Satz des Beweises).

III. 4.3

aus, nämlich: Gegeben sei nur sinnlich Mannigfaltiges und die Regel der AF ‚Zeit', die Kant nie ausdrücklich formuliert, die man aber rekonstruierend formulieren kann und die dann etwa besagt: Das sinnlich Mannigfaltige ist zu durchlaufen und dabei so zusammenzunehmen und zu ordnen, daß eine zweidimensionale Quasi-Ordnung von der in Sektion 7.2 meines II. Kapitels detailliert angegebenen topologischen Struktur erzeugt wird.

Kant sagt nun: Wäre nur dies beides gegeben, so könnte wegen der dazu bereits erforderlichen Mitwirkung der reproduktiven Einbildung (s. A 100−02 und oben, 4.2.2) stets jedes beliebige Element e_x der sinnlichen Mannigfaltigkeit mit jedem beliebigen anderen Element e_y als ihm vorausgehend oder ihm folgend oder ihm gleichzeitig verknüpft werden. Denn in jedem Falle wäre die oben angegebene Regel erfüllt. Jede tatsächlich wahrgenommene Folge wäre rein zufällig und könnte bei Wiederauftreten der gleichen Elemente auch umgekehrt sein oder werden. Ein solches zufälliges Verhältnis nennt Kant ‚subjektiv'. Seine Rede von dem ‚objektiven Verhältnis der einander folgenden Erscheinungen' (B 234, erste und zweite Zeile) setzt der zufällig bestimmten, bloß de facto so und so gereihten Folge des Wahrnehmens und des Wahrgenommenen qua Wahrgenommenen (deren Verschiedenheit Kant noch nicht gesehen hat) eine ‚notwendig bestimmte', wie wir heute sagen würden: ‚gesetzesartig bestimmte' Folge der Gegenstände der Erfahrung (= der Dinge, Vorgänge, Ereignisse) entgegen.

Im nächsten Absatz (B 234−36 = A 189−191) kommt Kant wieder auf das Problem zurück, wie es möglich ist, daß wir immer schon − auch vorreflektiv − in unserer Wahrnehmung die zeitliche Folge im Wahrnehmen, d.h. die Folge der Vorstellungen qua Vorstellungen und damit des Vorgestellten qua Vorgestellten, von der zeitlichen Folge ‚im Gegenstand' (B 234) unterscheiden können.

Die Unterscheidung kann man sprachlich auch einfacher kennzeichnen als die von (a) zeitlicher Folge des Wahrgenommenen qua Wahrgenommenen und (b) zeitlicher Folge der wahrgenommenen Dinge und Vorgänge qua Dinge und Vorgänge.

Kants Beispiel: Ein nicht mit einem Blick überschaubares Haus nehme ich nur sukzessive, es sozusagen mit dem Blick abtastend, wahr. Ich habe also eine Folge von Wahrnehmungen der Teile des Hauses. Qua Teile eines Hauses nehme ich diese Teile aber dennoch nicht als nacheinander, sondern als in dem Ganzen des Hauses zugleich seiend wahr. Der Folge im Wahrnehmen und Wahrgenommenen qua Wahrgenommenen entspricht also hier eine davon unterschiedene Nicht-Folge = Zugleichsein im wahrgenommenen Ding qua Ding.

Kants Problem: Wie ist diese Unterscheidung unter der Grundannahme, daß wir es nie mit Dingen an sich, sondern immer nur mit unseren Vorstellungen zu tun haben (B 235), möglich?

Kants Antwort: Das wahrgenommene *Ding* kann von jeder *Wahrnehmung* des Dinges *nur* unterschieden werden, wenn es „unter einer Regel steht", d.h. apprehendiert ist nach einer Regel, die die bestimmte figurative Synthese (= Verbindung des Mannigfaltigen zur Konfiguration des betreffenden Dinges bzw. Vorganges) „notwendig macht" (B 236).

Um fair zu sein, muß man hier das ‚nur' beachten. Es macht aus der Behauptung der genannten Bedingung die Behauptung, es handle sich um eine notwendige, aber nicht hinreichende Bedingung der in ihrer Möglichkeit zu erklärenden Unterscheidung. Das ist deshalb wichtig, weil offenbar aus keiner „bloßen Folge in der Wahrnehmung" durch Hinzutreten der in der Antwort angenommenen Verknüpfung nach dem Kausalprinzip allein schon etwas anderes würde, als bestenfalls ‚eine notwendige Folge in der Wahrnehmung'. Das aber wäre nicht das, worum es geht!

Vielmehr geht es darum zu erklären, warum wir in der Erfahrung statt der ohne Annahme der Funktion der drei Relationskategorien bloß unbestimmten, unregelmäßigen oder bestenfalls zufällig partiell regelmäßigen Folge von bloßen Vorstellungen in Wirklichkeit zwei bestimmte = durchgängig gesetzmäßig geordnete bzw. ordenbare, aber als verschieden geordnete und daher unterscheidbare Folgen haben, die in Verhältnissen gesetzmäßiger Zuordnung zueinander stehen: 1. die Folge der Wahrnehmungen und 2. die Folge der in der Folge 1 wahrgenommenen Dinge und Ereignisse. Daß wir diese Folgen immer schon unterscheiden, insofern sie nicht absolut gleichsinnig, parallel verlaufen, macht Kant mit den beiden Beispielen (A) des nicht mit einem Blick überschaubaren Hauses und (B) des den Fluß hinuntertreibenden Schiffes und der Veränderung seiner Stellen relativ zum mitwahrgenommenen Flußufer deutlich.

Beispiel A zeigt, daß einer inhaltlich willkürlich umkehrbaren Folge im Wahrnehmen und Wahrgenommenen qua Wahrgenommenen Zugleichsein im wahrgenommenen Ding gegenüberstehen und zugeordnet sein kann. Beispiel B zeigt, daß eine Folge von wahrgenommenen Ereignissen (Positionsdurchläufen) unumkehrbar sein kann und dadurch die Folge im Wahrnehmen jener Ereignisse ebenfalls unumkehrbar — eine willkürliche Umkehrung analog zum Fall A also unmöglich — sein kann.

Es ist ein Verdienst Kants, hierin ein erkenntnistheoretisches Problem und nicht nur ein erkenntnistheoretisch irrelevantes Faktum gesehen zu haben. Und es ist ein Punkt, der für die Kantische Theorie spricht, daß es in ihrer Konsequenz liegt, hier ein Problem sehen zu lassen und darüber hinaus eine mögliche Lösung für dieses Teilproblem mitanzubieten. Ganz besonders auch deshalb, weil Kants Analyse der Unterscheidungen und Zuordnungen der zeitlichen Folgen noch unvollständig und ungenügend ist. Das Problem wird daher noch zu einfach gesehen, und die Formulierung der Lösungsmöglichkeit bleibt entsprechend unbefriedigend. Eine Rekonstruktion wie die hier vorgetragene ist allerdings deshalb nur um so interessanter. Sie zeigt nämlich, daß Kants Theorie eine genauere und vollständigere Analyse nicht behindert und die von ihr für das Problem ermöglichte Lösung durch eine solche Analyse eher an Plausibilität gewinnt als verliert!

4.3.5 Ich versuche also zunächst, die Analyse zu ergänzen, zu detaillieren und zu präzisieren. Da ist als erstes zu bemerken, daß wir nicht nur zwischen der Folge im Wahrnehmen und der Folge in den wahrgenommenen Dingen und Vorgängen unterscheiden können, sondern zwischen

(a) Folge, Anfang, Dauer, Ende des Vorstellens (einschließlich des Wahrnehmens),

(b) Folge, Anfang, Dauer, Ende des Wahrgenommenen qua Wahrgenommenen,

(c) Folge, Anfang, Dauer, Ende der wahrnehmbaren Dinge und Vorgänge relativ zu beliebigen anderen Dingen und Vorgängen gemäß intersubjektiv bewährten empirisch-wissenschaftlichen theoretischen Erkenntnissen.

1. Beispiel: Wenn ich nach Öffnen meiner Haustür beginne wahrzunehmen, wie gerade ein Auto vor dem Haus vorbeifährt, so verwechsle ich das normalerweise nicht mit dem Wahrnehmen des Beginnens des Fahrens (also des Anfahrens) eines Autos. Hier erkennt man leicht:

(A) Das Beginnen (Enden) des Wahrnehmens eines Vorganges ist nicht eo ipso ineins das Wahrnehmen des Beginnens dieses Vorganges. Dagegen ist umgekehrt natürlich jedes Wahrnehmen des Beginnens eines Vorganges *eo ipso* zugleich der Beginn des Wahrnehmens dieses Vorganges!

(B) Wenn man anfängt zu sehen, wie das Auto vorbeifährt, so ging diesem Wahrnehmen (im Beispiel) ein Wahrnehmen der Tür (als man sie öffnete) voraus. Der ersten wahrgenommenen Phase des Vorbeifahrens des Autos ging dagegen etwa das (von-links-)die-Straße-Herunterfahren des Autos voraus, also etwas, was man gar nicht zuvor wahrgenommen hatte und was einem phänomenal nur jetzt, nachträglich, durch den Charakter und die Richtung der wahrgenommenen Bewegung des Autos in dieser mitgegeben ist.

Damit ist gezeigt, daß die Folgen (a) und (b) verschieden sind und unterschieden werden.

2. Beispiel: Zeuge A beobachtete im Wald wandernd durch sein Fernglas, wie Jäger Y in etwa zweihundert Meter Entfernung am Waldrand stand und mit dem Gewehr in der Hand anscheinend mit einem von ihm gestellten Wilddieb X sprach, wie dann plötzlich X heftig den Arm gegen Y vorschnellen ließ, ein Schuß aus der Büchse von Y fiel und X getroffen zu Boden sank.

Erste juristische Interpretation: X und Y haben sich gestritten. X hat dabei Y in Jähzorn oder Angst angegriffen und Y, dadurch erschreckt, geschossen: fahrlässige Tötung von X durch Y in Notwehr mit unangemessenen Mitteln.

Physikalische Interpretation: Armstoß und Schuß wurden als unmittelbar aufeinander folgend beobachtet: Wegen der unterschiedlichen Ausbreitungsgeschwindigkeit von Licht und Schall muß ihre wahre Reihenfolge daher umgekehrt gewesen sein: Y hat auf X geschossen, und dieser streckte seinen Arm nur reflektorisch abwehrend gegen Y aus. Zweite juristische Interpretation: Es war Mord oder Totschlag.

Damit ist gezeigt, daß die Folgen (b) und (c) unterschieden und gesetzartig verknüpft werden.

Wie derartige Beispiele ineins zeigen, bedeutet die Komplizierung der Unterscheidungen, die von einer Theorie wie der Kants berücksichtigt werden müssen, nicht eine Einbuße an Plausibilität für die von der Theorie aufgestellte Behauptung, daß wir diese Unterscheidungen nicht ohne Zuhilfenahme der Annahme kausalgesetzlicher Beziehungen machen (s. a. Kap. IV, 4.3).

Sie kann freilich sicher auch nicht ohne irreversible realzeitliche, spontane, willkürliche *leibliche* (nicht bloß geistig!) Aktivität gemacht werden, wie Kant implizite schon in dem Schema der Kausalität berücksichtigt. Siehe hierzu A 144 = B 183 und die Analyse und Rekonstruktion in Kapitel IV, 4.3. Hierher gehört auch der Abschnitt über den untrennbaren Zusammenhang von Kausalität und *Handlung* in der zweiten Analogie: A 204–205 u. 207 = B 249–250 u. 252. In zwanglos passender Ergänzung zu Kants Text kann und muß man sagen: Jeder freibewegliche Organismus, der überhaupt einige Zeit überlebt, muß offenbar in irgendeinem Grad und irgendwelchen Weisen unterscheiden können zwischen (a) Invarianzen und Variationen in seiner Umwelt, die er mit Hilfe der Variationen seiner Aktivität beeinflussen kann, und (b) Invarianzen und Variationen in seiner Umwelt, die er mit seiner Aktivität oder Nichtaktivität nicht beeinflussen kann.

Kurz: Er muß, um sich überhaupt orientieren zu können und um mit Störungen aus der Umwelt fertig werden zu können, indem er diese Störungen durch externe Aktivität ausregelt oder durch interne Anpassung kompensiert, stabile, d.h. verläßliche, Korrelationen der an den Pfeilen angegebenen Arten zwischen [a] und [b] (s. Fig. 2) herstellen oder finden und zu gebrauchen lernen.

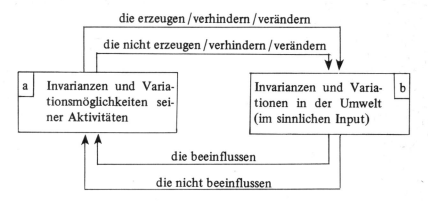

Figur 2

Die Behauptung von Kants Theorie im ersten und zweiten Analogienkapitel kann nun rekonstruiert werden als die Behauptung: ‚Diese Unterscheidungen und Korrelationen können wir nur mit Hilfe (u.a.) der Anwendung bzw. des Funktionierens der Regel der Differenzierung und Verknüpfung von ‚Substanz und Akzidens' und der Regel der Differenzierung und Verknüpfung von ‚Ursache und Wirkung' in der Verarbeitung des sinnlich Mannigfaltigen machen und lernen.' Das ‚machen' in diesem Satz bezieht sich darauf, daß es sich um ein Prinzip oder Gesetz unserer synthetisierenden Aktivität handelt, ein Gesetz, das wir also primär durch unsere von ihm beherrschte Aktivität an die Erfahrung herantragen oder in sie einbringen (erst sekundär in ihr ‚finden' und ihr ‚entnehmen'). Und das ‚lernen' bezieht sich darauf, daß nicht jede beliebige Anwendung (jedes Funktionieren) Erfolg hat. Vielmehr müssen wir die *richtige* Anwendung erst aus den Erfahrungen lernen, die wir bei der Anwendung in Hinsicht auf die Erreichung der gesetzartigen Einheit, also desjenigen Zusammenhangs des Konstituierten machen, „dessen die Vernunft bedarf" und den sie daher „sucht" (B XIII). ‚Richtig' ist dabei immer nur die, die (a) durch weitere Erfahrung *nicht* negiert, als Irrtum, Illusion, Halluzination etc. erwiesen wird, *und* (b) einen störungsfreien Gesamtzusammenhang des Erfahr*enen*, des Erfahr*ens* und des Erfahr*enden* aufrecht zu erhalten oder herzustellen gestattet. (Siehe hier Kap. I, 3.5 – 3.7 u. III, 3.1 – 3.4.)

4.4 An Kants Bemerkungen zu dem Beispiel des treibenden Schiffes (B 237) möchte ich noch auf den doppelten Sinn des „unmöglich" in dem Halbsatz „es ist unmöglich, daß in der Apprehension dieser Erscheinung das Schiff zuerst unterhalb, nachher oberhalb des Stromes wahrgenommen werden sollte" aufmerksam machen. Dieses „unmöglich" meint — ebenso wie das „notwendig" am Ende des Absatzes — sowohl ein faktisches Gebundensein unserer sonst — im Falle des Hauses — ungebundenen Willkür des Wahrnehmens und seiner Folge durch die Folge im wahrgenommenen Vorgang als auch ein gesetzmäßiges, in Kants Sprache kategorialen Regeln gemäßes, d.h. durch Anwendung der kategorialen Regeln auf es sozusagen festgelegtes und somit auch in diesem spezifisch Kantischen Sinne ‚notwendiges' Verhältnis.

Dieser zweite Sinn des „unmöglich" und des „notwendig" und des „müssen" in der dritten Zeile des nächsten Absatzes (B 238 = A 193) ist ein sozusagen transzendental normativer. Er besagt: Wie immer auch die faktische Reihenfolge des Wahrnehmens von Ereignissen/Zuständen A B unter verschiedenen Umständen sein mag, A muß als Bedingung von B und also als B vorausgehend mit B verknüpft[9] werden, oder wir befinden uns im Irrtum.

Bei dieser Rekonstruktion erhebt sich sofort die Frage, woran zeigt sich der Irrtum, falls ein solcher besteht? Denn wenn ein bestehender Irrtum sich nicht als solcher zeigen kann, dann hat das ‚muß' noch keine Begründung erfahren. Hier kommt wieder — wie auch schon oben — die Einheit der Apperzeption als Kriterium zulässiger und richtiger Konstitution durch die Kategorien ins Spiel. ‚Richtig' nämlich ist eine gemäß den Kategorien gedachte Synthesis nur, wenn sie zur Konstitution oder Aufrechterhaltung eines logisch *und empirisch* störungsfreien (= widerspruchs- und widerstreitfreien)[10] *Gesamt*zusammenhangs des Erfahr*enen* und des Erfahr*ens und* des Erfahr*enden* beiträgt. Man kann sich vielleicht die vieldimensionale Passung, die hier als Kriterium fungiert, nach Analogie mit der einfacheren (weil nur fünfdimensionalen) Passung verdeutlichen, die ein Puzzlespieler benutzt, um zwei Puzzlestücke richtig zusammen und in das Ganze des Bildes zu passen. Bei dem Puzzle müssen die beiden Stücke (a) nach ihren Schnittlinien dreidimensional und (b) nach den auf ihnen abgebildeten Inhalten zweidimensional zusammen und in das Ganze der Umgebung passen. Analog müssen zwei kausal verknüpfte Ereignisse vieldimensional: synchronisch und diachronisch nach

---

[9] D.h. aufgefaßt, gedacht werden! Sehen oder Wahrnehmen kommt hier nach Kant ausdrücklich nicht in Frage: siehe B 176–177 / A 137–138.
[10] Siehe dazu Kap. I, 3.5 – 3.7! – eine Argumentation, die hier *unentbehrlich* ist.

ihrer räumlichen statischen und dynamischen, dinglichen und kausalen Gestalt anschaulich zusammen und in das Ganze der Erfahrung passen. Sie müssen dabei überdies nach ihren begrifflichen und theoretischen Merkmalen klassifikatorisch und relationslogisch zueinanderpassen. Und beides nicht irgendwie, sondern gerade *so*, daß die oben erwähnte dreifache Ganzheit der ‚Einheit der Apperzeption' teils erfüllt wird, teils möglich bleibt! (s. nochmals Kap. III, 3.1 – 4 und dazu 5.1 – 3).

Macht man in dieser Weise von allen in der Theorie Kants verknüpften Faktoren durch Vervollständigung seiner Analyse und durch Systematisierung und Präzisierung vollen Gebrauch, so leistet Kants Theorie — wie mir scheint, mehr als irgendeine andere bis heute vorgelegte — eine wirkliche Beantwortung der Frage nach dem Ursprung wie nach der Rechtfertigung jener eigentümlichen, weder bloß logischen noch empirisch wahrnehmbaren ‚Notwendigkeit', die wir dem Zusammenhang von Ereignissen zuschreiben, wenn wir ihn als kausal gesetzmäßigen (gesetzartigen) auffassen.

Während wir heute die Gesetzesartigkeit = ‚Notwendigkeit' allgemeiner Zusammenhänge (bzw. von Sätzen über solche) auf ihre systematische Einbettung in ganze Systeme solcher Sätze = Theorien gegründet sehen (womit freilich das Problem des Zirkels bzw. des unendlichen Regresses auftritt), meint Kant, die hier in Frage stehende Art von ‚Notwendigkeiten' könne nur an der transzendentalen = konstitutiven Rolle der AF und DF hängen, die für ihn Grundformen = Regeln des anschauenden und denkenden Verarbeitens des gegebenen Mannigfaltigen zu Wahrnehmung, Erfahrung und Erfahrungswissenschaft sind.

Verglichen mit der heutigen Auffassung gibt es also für die ‚Gesetzartigkeit' von verallgemeinerbaren Zusammenhängen nach Kants Theorie nicht nur ihre systematische Einbettung in und Ableitbarkeit aus umfassenden Theorien. Vielmehr spielen überdies und primär Subsumierbarkeit unter und Zusammenpassung gemäß jenen Regeln eine Rolle, nach denen sowohl die Ordnung der Phänomene (die konkreten Ganzen der sinnlichen Erfahrung) wie jene eben angesprochenen abstrakten Ganzen = Systeme von Zusammenhängen = Theorien konzipiert und konstituiert bzw. mathematisch konstruiert werden und werden müssen.

Sieht man sich die so rekonstruierte Argumentation Kants an, so wird, glaube ich, deutlich, daß hier auch ein Argument für die Unentbehrlichkeit (= ‚Notwendigkeit') der konstitutiven Funktion der Verknüpfungskategorien für die uns de facto mögliche Unterscheidung ‚gesetzmäßiger Zusammenhänge' von bloßen ‚empirischen Verallgemeinerungen' vorliegt. Das gehört zu Kants Antwort auf Humes Problem (s.o. 2.3).

Die Erklärung und Rechtfertigung von Kants Antwort auf das Humesche Problem und auf das moderne Problem der Gesetzesartigkeit gewisser allgemeiner Hypothesen ist also komplex. Sie geschieht nicht einfach durch Reduktion der gedachten, stets hypothetischen, empirischen[11] Notwendigkeit auf die sog. transzendentale Notwendigkeit der dabei angewendeten Kategorien. Vielmehr sind verknüpft:

(a) Das Bedürfnis nach = Angewiesensein auf Herstellung und Erhaltung der durchgängigen Einheit der Apperzeption, die menschliche Erfahrung entweder kennzeichnet oder menschliche Vernunft für sie anstrebt, fordert (s. B XIII).

(b) Die kategorialen Regeln, nach denen die Verarbeitung des sinnlich Mannigfaltigen in figurativen Synthesen zum Ganzen des Wahrgenommenen und Erfahrenen geschieht und geschehen muß. (Ob diese Regeln zur Struktur des Verarbeitungsapparates gehören oder Regeln eines von diesem Apparat gelernten und daher historischen und historisch veränderbaren Verarbeitungsprogrammes sind, spielt für den Grundgedanken der transzendentalen = erfahrungskonstituierenden Funktion dieser Regeln keine entscheidende Rolle!)

(c) Das unableitbare factum brutum, daß es im sinnlichen Mannigfaltigen den Unterschied von Veränderung und Nichtveränderung, also Variation und Invarianzen gibt.

(d) Das factum brutum, daß sich das sinnlich Mannigfaltige nicht apriori ‚aufs Geratewohl oder beliebig' unter den kategorialen Regeln so verarbeiten läßt, daß der in (a) genannte Zusammenhang entsteht oder erhalten bleibt. So daß wir also den Zwang erfahren, unsere Verarbeitung öfter korrigieren zu müssen, d.h. den Zwang erfahren, das sinnliche Mannigfaltige nicht beliebig ordnen zu können, sondern es „apriori *auf gewisse Weise*" (A 104/05; s. a. Kap. I, 3.5 – 3.7!) ordnen zu müssen, *so* nämlich, daß die in (a) geforderte Einheit hergestellt oder erhalten wird.

5.1 Dringt Kants Analyse des Zeitbewußtseins in den Analogienkapiteln sozusagen bis zu der Differenzierung und Verknüpfung dreier zeitlicher ‚Ströme' (der Ereignisse als solcher, der Ereignisse als Gegenstände und des Gegenstandsbewußtseins) vor, so geht sie in der ‚Widerlegung des Idealismus' zu dem Problem der Differenzierung und Verknüpfung von zeitlichem Ich- oder Selbstbewußtsein und raumzeitlichem Gegenstandsbewußtsein weiter. Dieses Problem gehört als Teilproblem zu der Frage nach den Bedingungen der Möglichkeit des Aufbaues einer Erfahrung, die der Forderung der dreifachen Einheit der Apperzeption unter-

---

[11] A 228/B 280; siehe auch Kap. VI, 1.1 u. 4.1–2.

liegt. Eine Deduktion der ‚Notwendigkeit' und ‚objektiven Gültigkeit' einer als Bedingung der Möglichkeit der Erfahrung in Frage kommenden Gruppe von Regeln der Verarbeitung des sinnlich aposteriori Gegebenen wird also auch die Form einer Argumentation für die Unentbehrlichkeit der betreffenden Gruppe von Regeln als Regeln für die Konstitution jener eigentümlichen Differenzierung der Erfahrung in eine Welt des Erfahrens einerseits und das die Welt erfahrende diachronische Subjekt oder Ich andererseits annehmen können und müssen.

Gerade als eine *solche* Argumentation *kann* und *muß* nun die ‚Widerlegung des Idealismus' rekonstruiert werden. Erst mit ihr bekommt das Ganze der Argumentationen Kants eine gewisse Vollständigkeit und seine volle Kraft und Plausibilität.

5.2 Die nachfolgende Rekonstruktion kann als Ausarbeitung und Präzisierung der entscheidenden zentralen Bestimmung von Kants ‚Lehrsatz' angesehen werden. Diese liegt in zwei unscheinbaren Wörtern, die man leicht übersehen oder nicht wichtig genug nehmen kann. Im folgenden Zitat sind diese Wörter durch Kursivschreibung hervorgehoben. In dem ‚Lehrsatz' sagt Kant: „Das bloße, aber *empirisch bestimmte*, Bewußtsein meines eigenen Daseins beweist das Dasein der Gegenstände im Raume außer mir." (B 275) Daß die hervorgehobenen Termini den eigentlichen Punkt des Theorems enthalten müssen, darauf deutet schon rein äußerlich die ungewöhnliche Häufung und Dichte des Auftretens der Wörter ‚bestimmt', ‚Zeit*bestimmung*', ‚Bestimmung', ‚Bestimmungsgründe', ‚Bestimmbarkeit' und ‚bestimmbar' in dem darauf folgenden Beweis (B 275/76) und seiner Ergänzung in der wichtigen Fußnote B XXXIX–XLI.

J. Bennett (1966, p. 209) meint, die oben zitierte Rede Kants von der ‚empirischen Bestimmung meiner Existenz in der Zeit' „can only be understood as ‚the establishment of what my sensory history has in fact been'." Es scheint aber, daß jene Rede nicht nur auch anders verstanden werden kann, sondern sie sogar anders verstanden werden muß. ‚My sensory history' wäre doch nur die Geschichte meiner sinnlichen Vorstellungen. Daß es nur um diese gehe, *will Kant mit den oben hervorgehobenen Wörtern aber gerade abweisen.*[12] Denn, so sagt er in der Fußnote B XXXIX/XL explizit, wenn man meint, es gehe nur um mein Bewußtsein ‚meiner Vorstellungen äußerer Dinge', dann müsse immer unausgemacht bleiben, „ob etwas ihnen Korrespondierendes außer mir

---

[12] Eben deswegen ist Bennetts Realismus-Argument sehr viel weiter von Kants Text entfernt, als er glaubt.

sei, oder nicht. Allein ich bin mir *meines Daseins in der Zeit (folglich auch der Bestimmbarkeit desselben in dieser)* durch innere *Erfahrung* bewußt, *und dieses ist mehr*, als bloß mir meiner Vorstellung(en) bewußt zu sein", denn es ist ein „*empirisches Bewußtsein meines Daseins*, welches NUR DURCH BEZIEHUNG AUF ETWAS, WAS MIT MEINER EXISTENZ VERBUNDEN, AUSSER MIR IST, BESTIMMBAR IST."[13] (Zweite u. vierte Hervorhebung und Großschreibung v. mir.) Die von mir groß geschriebenen Teile des zitierten Satzes implizieren deutlich und unmißverständlich: Die Rede von der empirischen *Bestimmung* und Bestimmbarkeit des Ich *in* der Zeit bezieht sich darauf, daß es kein Selbst-Bewußtsein eines Ich gibt, außer durch ein Bewußtsein, vermöge dessen es *relativ* auf Anderes und ihm Äußeres *räumlich-zeitlich* LOKALISIERT und LOKALISIERBAR ist.

5.3 Man darf und muß wohl annehmen, daß Kant hier erstens die anschauliche, nämlich räumlich-zeitlich *perspektivische* Lokalisation des wahrnehmenden Selbst in der von ihm wahrgenommenen Umwelt meint. Denn er sagt a.a.O. in der anschließenden Fußnote: „Dieses Bewußtsein meines Daseins in der Zeit ist also mit dem Bewußtsein eines Verhältnisses zu etwas außer mir identisch verbunden, ... denn der äußere Sinn ist schon an sich Beziehung der Anschauung auf etwas Wirkliches außer mir ... " (B XL)

Die vorgeschlagene Interpretation, nach der hier von der *raum*-zeitlichen perspektivischen *Bestimmung* der Zeitstelle des Ich und also von der Lokalisation des Ich als eines, das die Welt von hier-jetzt *in* ihr wahrnimmt, die Rede ist, ergibt sich nach Kants transzendentaler Ästhetik zwangsläufig: Wenn Kant von ‚außer mir' und vom ‚äußeren Sinn' spricht, dann ist die Anschauungsform ‚Raum' als Bedingung der Möglichkeit solcher Rede und dessen, wovon da die Rede ist, involviert. Auch hat Kant schon in der Vorgängerversion der ‚Widerlegung', in dem Paralogismenkapitel von A, nämlich in A 373, ausdrücklich die „*empirisch äußerlichen* Gegenstände" als die Dinge definiert, „die im Raume anzutreffen sind" (Hervorhebung v. Kant). Und wieder dasselbe ergibt sich, wenn man den eben aus der Fußnote B XL zitierten Satz neben den folgenden aus dem Kapitel zu der dritten Analogie stellt: „Unseren Erfahrungen ist es leicht anzumerken, ... daß wir keinen *Ort* empirisch verändern (diese Veränderung wahrnehmen) können, ohne daß uns allerwärts Materie die Wahrnehmung *unserer Stelle* möglich mache, ... "

---

[13] Vgl. auch die ganz parallele Behauptung in B 277, Zeile 1—3, nach der zu dem ‚Bewußtsein unserer eigenen Existenz' auch noch ‚die Bestimmung derselben in der Zeit' gehört, die ‚nur vermittelst äußerer Erfahrung möglich sei'.

(A 123 = B 260; Hervorhebungen v. mir.) Man kann diesen Satz geradezu als Erläuterung von jenem lesen, als Konkretisierung, als Hinweis auf jedermann jederzeit zugängliche Phänomene, die jene zitierten Sätze aus der ‚Widerlegung' – einschließlich ihrer Ergänzung in der Vorrede B – anschaulich erfüllen (s. o. B 135: 2.8 –12, 291 –294).

Nach all dem kann und muß – wie mir scheint – Kants Argumentation etwa in der folgenden Weise detailliert, präzisiert und ergänzt werden:

1. Schritt: Ein bloßes, unbestimmtes, also leeres Selbstbewußtsein gibt es nicht. Unser Selbstbewußtsein ist Bewußtsein eines je bestimmten, insbesondere zeitlich bestimmten, eine bestimmte Stelle im Zeitlichen einnehmenden Selbst.

2. Schritt: Eine solche zeitliche Bestimmung oder Lokalisation ist anschaulich erfüllt – wie alle zeitliche Bestimmung oder Lokalisation – nur relativ auf anderes Zeitliches möglich (s. z. B. B 277), also nur, wenn im Wahr*genommenen* das Wahr*nehmen* und das wahr*nehmende Subjekt* = Ich als solches mitwahrgenommen sind.

3. Schritt: Dies ist in unseren wirklichen Wahrnehmungen der Fall, aber – wie man leicht erkennt – *nur* dank der *räumlich*-zeitlichen perspektivischen ‚Abschattungen' des Wahrgenommenen. Denn nur vermöge dieser kann man an dem Wahrgenommenen ineins wahrnehmen, daß man es von einer *räumlich*-zeitlichen Stelle hier-jetzt *in* ihm wahrnimmt und also, daß man das von dieser bestimmten Stelle Wahrnehmende (Ich) ist.

4. Schritt: Damit aber Wahrgenommenes solche „Abschattungen" haben kann, muß offenbar das sinnliche Material in der synthetischen Verarbeitung (durch die von Kant sog. „figürlichen Synthesen") in Konfigurationen gebracht werden, die solche Abschattungen zeigen.

5. Schritt: Als solche Konfigurationen, die tatsächlich die regelmäßig zusammenhängenden räumlich-zeitlichen perspektivischen Abschattungen und Abschattungsveränderungen haben, an denen man wahrnimmt (z.B. sieht), daß das Wahrgenommene von einem Wahrnehmenden in ihm wahrgenommen wird, kennen wir keine anderen, als die räumlich-zeitlichen Konfigurationen zu Dingen (relativen Substanzen) mit Vorgängen (kausal verknüpften Veränderungen).

Der immer wieder einmal vorgetragene Einwand: Aus rein logischen Gründen sei es stets denkbar, daß auch ganz andere und sogar unendlich viele andere Schemata als das der räumlich-zeitlich-kausal-veränderlichen Dinge die Rolle des Grundschemas spielen könnten, übersieht, daß es sich nicht um eine bloß formal logische, sondern um eine inhaltliche, hochkomplexe Problemlage handelt. Man kann sich in der Tat, wie Metaphysik, Wissenschaft und Literatur zeigen, sowohl anschaulich als auch begrifflich, durch ideale, logische oder theoretische Konstruktionen, andere Arten von Entitäten (z.B. Punktmassen) und Schemata von Entitäten denken. Sie haben nur, wie man leicht sieht, alle einen fundamentalen Fehler: Sie haben nicht das, was die räumlich-zeitlichen Dinge/ Vorgänge auszeichnet: perspektivische Abschattungen, an denen man, indem man sie wahrnimmt, bereits sich selbst als den sie von hier-jetzt unter ihnen sie Wahrnehmenden mitwahrnimmt. Das ist aber gerade der Punkt, auf den es in einer Theorie der Erfahrung und Erfahrungserkenntnis ankommt — mindestens so lange, als niemand zeigen kann, daß es ein sozusagen „freischwebendes" Selbstbewußtsein (Selbsterfahrung) ohne Fremdbewußtsein (Fremderfahrung) gibt oder geben kann.

In der vorgelegten ergänzenden Rekonstruktion von Kants Argumentation wird diese eigentlich nur mit modernen Worten detailliert, präzisiert und erläutert. Seine noch vage Argumentation gewinnt überraschenderweise mit solcher Präzisierung zugleich sehr erheblich an Plausibilität und an Zugkraft als Argument. Als Argument im Zuge seiner ‚Deduktion'! D.h. als Argument für die ‚notwendige' = unentbehrliche, ‚transzendentale' = Erfahrung konstituierende Rolle von ‚Raum', ‚Zeit' und den Kategorien
(a) als Regeln der Verarbeitung des sinnlich gegebenen Mannigfaltigen zu unserer Art von Erfahrung: zu einer Erfahrung mit der dreifachen inneren Differenzierung und dem dreifachen ganzheitlichen inneren Zusammenhang der „Einheit der Apperzeption",
(b) als Regeln der Weiterverarbeitung dieser Erfahrung in unseren Erfahrungswissenschaften.

6.1 Wie schon im ersten Abschnitt dieses Kapitels gezeigt wurde, wollte Kant sein Kapitel über die Antinomien, und über ihre Vermeidung durch die transzendental-idealisitsche Wendung, als Teil der Argumentation für diese verstanden wissen. Und zwar als „Gegenprobe der Wahrheit des Resultates" der Deduktion. Als solcher Teil der Argumentation läßt sich das Antinomienkapitel in der Tat verstehen. Wenn auch gewiß nicht, wie Kant anscheinend glaubte, als eine Gegenprobe, die der transzendental-idealistischen Annahme „ausgemachte Gewißheit verschafft" (Fn. B XXII).

Eine Analyse, Kritik und Rekonstruktion der Argumentation in der ersten Antinomie habe ich an anderer Stelle (1979) gegeben. Für jetzt gehen wir von der Annahme aus, wenigstens die erste und zweite Antinomie ließen sich rational rekonstruieren und auch Kants Diagnose (s. letzte zwei Abs. dieser Sektion) bezüglich des Grundes, der die menschliche Vernunft unweigerlich in Antinomien führt, sei richtig. Dann bleibt dennoch von vornherein klar, daß die „Gegenprobe" nicht die Kraft eines abschließenden Beweises haben kann, die Kant ihr zuschreibt. Denn:

Es ist — unter anderem — unmöglich zu beweisen,
(a) daß es *nur* die von Kant in Betracht gezogenen Antinomien geben kann,
(b) daß die Antinomien, die Kant konstruiert, in keiner anderen Weise konstruiert werden können,
(c) daß der in Kants Diagnose angegebene Grund für das Entstehen von Antinomien der einzige Grund dafür ist, den es gibt und geben kann,
(d) daß Antinomien (die von Kant gesehenen, wie auch alle etwa möglichen anderen) *nur* durch die transzendental-idealistische Wendung sicher vermieden werden können.

Die ‚Gegenprobe' hat also, auch wenn man mit Kant annimmt, sie sei gut ausgegangen, nur die Kraft eines weiteren Argumentes, das für die Annehmbarkeit einer Erkenntnistheorie von der Art der Kantischen spricht.

Tatsächlich war sie für Kant auch insofern sicherlich etwas mehr, als das Antinomienproblem ein weiteres der Probleme war, für deren Lösung Kants Theorie konzipiert und entwickelt wurde.

Jede Art von Erkenntnistheorie nämlich, von der Kant schon wußte oder zu wissen glaubte, daß sie in ihrer eigenen Konsequenz unvermeidlich in die Antinomien gerät, darunter insbesondere in die Antinomie der Freiheit, mußte von vornherein ausscheiden. Damit aber schieden bereits alle Arten der bis dahin überhaupt angestellten Lösungsversuche zum erkenntnistheoretischen Problem aus! Denn, gleichgültig, ob idealistisch oder realistisch, rationalistisch oder empiristisch, alle diese Arten der Lösung waren stets Theorien der Identität oder der repräsentativen Korrespondenz, und zwar, das ist das Entscheidende: nicht nur der gnoseologischen Identität oder Korrespondenz zwischen Erkennen und Erkanntem, sondern ineins der ontologischen inhaltlichen Identität oder Korrespondenz zwischen der erfahrenen Realität, *wie* sie erkannt wird, und der transzendenten Realität, *wie* sie unabhängig von ihrem Erfahren- und Erkanntsein existiert.

Sowohl im subjektiven oder ‚empirischen' oder ‚materialen Idealismus' wie auch im ‚transzendentalen Realismus' wird von irgendeiner inhaltlichen, qualitativen Identität oder Korrespondenz der Dinge, wie sie vorgestellt sind, mit den Dingen, wie sie an sich existieren, ausgegangen. Bei dem subjektiven Idealismus geschieht dies dadurch, daß das Vorgestelltsein zur einzigen Art der Existenz der Dinge überhaupt gemacht wird. Im direkten Realismus geschieht es, indem umgekehrt die transzendente Existenz zu der einzigen Existenz und echte Wahrnehmung also zu einer unmittelbaren Beziehung zu dem unabhängig Existierenden gemacht wird. In dem indirekten oder repräsentativen Realismus wie auch in dem platonischen objektiven Idealismus geschieht es schließlich, indem die Dinge, wie sie vorgestellt sind, als eine Art Abbilder ‚in uns' von an sich = unabhängig von uns und unserem sie Vorstellen existierenden Dingen oder Vorbildern, angesehen werden. Jede solche Kombination von gnoseologischer und ontologischer inhaltlicher Identität oder Korrespondenz aber, so glaubte Kant bereits herausgefunden zu haben und im Antinomienkapitel zu beweisen, führt gerade unweigerlich in ihrer eigenen Konsequenz in die Antinomien.

6.2 Dies ist offenbar eine nicht nur systematische, sondern auch historische These. Wenn sie richtig ist, dann muß das Problem der Antinomien auch zeitlich von Anfang an die kritische Wendung in Kants Denken bestimmt und begleitet haben. Deshalb müssen wir diesen Punkt auch kurz unter historischem Blickwinkel betrachten und belegen.

Es trifft sich gut, daß gerade neuerdings einige historische Interpreten Kants zu unserer systematischen Rekonstruktion passende Arbeiten vorgelegt haben. Auf diese, insbesondere Kingeling (1961), habe ich mich überwiegend auch bei der Zusammenstellung der folgenden Aussagen von Kant selbst gestützt.

Kingeling zitiert aus den vermutlich den Jahren 1776−78 zuzurechnenden Reflexionen die besonders wichtige Refl. 5037: „Ich versuchte es ganz ernstlich, Sätze zu beweisen und ihr Gegenteil ..., weil ich eine Illusion des Verstandes vermutete, zu entdecken, worin sie stäke. Das Jahr (17)69 gab mir großes Licht." Dieses Licht, so darf man annehmen, war die transzendentale Wendung für die Anschauungslehre in der Dissertation von 1770 und die Trennung und Unterscheidung von Anschauen und Denken. Zunächst glaubte Kant wohl, die Antinomien schon allein mit dieser Trennung und Unterscheidung vermeiden zu können (Kingeling, p. 55). Ohne Erfolg. Aber ein Charakteristikum „an allen Antinomien, die Kant während der langen Entwicklung des Kritizismus konstruierte", blieb doch, daß sie entstehen, „wenn Anschauung und Begriff ununterschieden ein Urteil bilden ..., *das sich nicht auf einen Erfahrungsgegenstand bezieht.*" (Kingeling, p. 60; Hervorhebung v. mir.) Nach der Dissertation, so meint auch Kingeling (vgl. p. 68), scheint Kant aber die Erkenntnis deutlicher geworden zu sein, daß innere Widersprüche immer

III.6.2

dann entstehen, wenn Eigenschaften, die den Dingen nur relativ auf gewisse Eigenheiten des Erkennens zukommen, ohne Berücksichtigung dieser *objektiven* Subjektrelativität, also absolut oder ‚an sich genommen' zugesprochen werden: „Die transzendentale Antithese findet allenthalben statt, wo ich etwas denken will *ohne* die Bedingungen, durch die es allein kann gegeben werden" (Refl. 4976; Hervorhebung v. mir.)

Sicherlich muß man auch die folgende, sehr deutlich historisch reflektierende Stelle aus den Prolegomena, § 50, erster Absatz, unmittelbar neben der oben zitierten Refl. 5037, sehen: Dort sagt Kant, die Antinomie, „dieses Produkt der reinen Vernunft in ihrem transzendenten Gebrauch ist das merkwürdigste Phänomen derselben, *welches* auch unter allen *am kräftigsten wirkt, die Philosophie aus ihrem dogmatischen Schlummer zu erwecken, und sie zu dem schweren Geschäft der Kritik der Vernunft selbst zu bewegen.*" (Prol. A 142; Hervorhebungen v. mir.) Fast gleich drückt sich Kant in seinem Brief an Chr. Garve vom 21. Sept. 1798 aus, wo er protestiert:

„Nicht die Untersuchung vom Dasein Gottes, der Unsterblichkeit usw. ist der Punkt gewesen, von dem ich ausgegangen bin, sondern die Antinomie der reinen Vernunft: ‚Die Welt hat einen Anfang, – sie hat keinen Anfang usw. bis zur vierten: Es ist Freiheit im Menschen, – gegen den: es ist keine Freiheit, sondern alles ist in ihm Naturnotwendigkeit'; diese war es, welche mich aus dem dogmatischen Schlummer zuerst aufweckte und zur Kritik der Vernunft selbst hintrieb, um den Skandal des scheinbaren Widerspruchs der Vernunft mit sich selbst zu heben."

Diese Belege für die nicht nur systematische, sondern auch historische Richtigkeit unserer Rekonstruktion möchte ich noch durch die beiden folgenden Passagen aus den *Prolegomena*[14] ergänzen: Zunächst der vorletzte Absatz der III. Anmerkung zum Ersten Teil:

„... weit gefehlt, daß ... meine Prinzipien ..., weil sie aus den Vorstellungen der Sinne Erscheinungen machen, ... sie in bloßen Schein verwandeln sollten, (sind) sie vielmehr *das einzige Mittel ..., den transzendentalen Schein zu verhüten*, wodurch Metaphysik von jeher getäuscht ... worden ..., weil man Erscheinungen ... für Sachen an sich selbst nahm, *woraus* alle jene merkwürdige(n) Auftritte der Antinomie der Vernunft erfolgt sind ..." (Prol. A 69; bloß gram. korrigierende Umsetzung i. d. Klammer u. die Hervorhebungen v. mir.)

Und dann im dritten Absatz von § 53:

---

[14] Vgl. aber auch KrV A 193 und KU B 243.

„Würden die Gegenstände der Sinnenwelt für Dinge an sich selbst genommen, und die ... Naturgesetze für Gesetze der Dinge an sich selbst, so wäre der Widerspruch unvermeidlich. Ebenso, wenn (umgekehrt, z.B.) das Subjekt der Freiheit ... als bloße Erscheinung vorgestellt würde, so könnte eben so wohl der Widerspruch nicht vermieden werden ..." (Prol. A 150/51; vgl. a. 158, 159, 162.)

Aus dem letzten Zitat möchte ich den folgenden Punkt herausheben: Sowohl wenn man die ‚Dinge, *wie* sie erscheinen', fälschlich für ‚Dinge, *wie* sie an sich genommen sein mögen', hält, als auch dann, wenn man umgekehrt ‚Dinge, *wie* sie an sich genommen postuliert (bloß gedacht) werden müssen', für ‚Dinge, *wie* sie erscheinen', hält, gerät man unvermeidlich in Antinomien!

6.3 Das alles genügt wohl hier bereits, um sagen zu dürfen: Es gab für Kant von Anfang seiner eigentlich kritischen Bemühungen an ein weiteres, mit der Behandlung der anderen genannten Probleme untrennbar verbundenes Problem oder eine einschränkende Bedingung für die Annehmbarkeit eines neuen Lösungsversuches: Finde eine Lösung, die die Antinomien beweisbar vermeidet! (S. hierzu auch B XVIII mit Fn. XIX—XX und Fn. XXI sowie A 506/07 = B 534/35.)

Diese Bedingung insbesondere erzwang, wie man in der Tat leicht sehen kann, die für die *Kritik* charakteristische Verknüpfung von erkenntnistheoretisch transzendental-idealistisch rationalistischer und empirisch realistischer Korrespondenztheorie für das Verhältnis von Erkennen und Erkanntem, Erkanntem und Erfahrenem einerseits mit einem gnoseologisch agnostischen, *meta*theoretischen und daher richtig nur *meta*sprachlich zu formulierenden ontologischen NONkorrespondenz-*Realismus* andererseits.

Dabei meint der Ausdruck ‚Nonkorrespondenz-Realismus' die folgenden, bei Kant natürlich leider oft objektsprachlich formulierten, tatsächlich aber *meta*sprachlichen beiden Annahmen: (1.) Man kann und muß postulieren, daß das Reale, das wir wahrnehmen, nicht nur ‚in' unserer Vorstellung, sondern auch ‚außerhalb derselben', d.h. unabhängig von ihr, existiert (vgl. hier Kap. I, 3.2—6). (2.) Man kann aber — bei Strafe durch sonst unvermeidliche Antinomien — dem Realen, wenn und insoweit man von ihm als unabhängig existierendem spricht, *keine* Prädikate mit Erkenntnisanspruch zusprechen, die ihm relativ auf uns, d.h. so wie es von uns angeschaut, erfahren, erkannt, gedacht wird, zugesprochen werden müssen und können! (*Ohne* Erkenntnisanspruch kann man dagegen über die Dinge, wie sie an sich genommen sein mögen, denken und sagen, was man will! Es gehört sogar zu Kants

Grundüberzeugungen von der menschlichen Vernunft, daß sie gar nicht umhin kann, ihre nur mit Bezug auf mögliche Erfahrung legitimen Begriffe auch über die Grenzen aller möglichen Erfahrung hinaus zu benutzen (vgl. A VII–VIII).)

7.1 Ich habe mich in dem obigen Rekonstruktionsversuch auf die für die Argumentation einer transzendentalen Erörterung bzw. ‚Deduktion' m. E. unentbehrlichen Fragen, Prämissen und Schritte beschränkt. Nicht nur, um Platz zu sparen, sondern um so die komplexe nichtlineare Struktur der Argumentation deutlicher erkennbar zu machen und auch ihre wirkliche Kraft, eine Kraft, die heute, mit den Gesichtspunkten, Methoden und Ergebnissen der modernen Verhaltensforschung, kognitiven Psychologie, Linguistik und Artificial Intelligence-Forschung im Blick, wohl erheblich größer erscheint, als sie zu Kants Zeit selbst ihrem Autor erscheinen konnte.

7.2 Wofür sie kraftvoll argumentiert, ist die Annahme, die Anschauungsformen und gewisse Kategorien seien unentbehrlich an der formalen Gegenstandskonstitution beteiligte Regeln des menschlichen Erkenntnisapparates, nach denen dieser das sinnlich gegebene Mannigfaltige zu unserer Art von Erfahrung verarbeitet. Und die Argumentation der KrV für diese Annahme läßt sich, wie wir sehen, als eine solche verstehen und rekonstruieren, die gegenüber allen konkurrierenden rationalistischen oder empiristischen, idealistischen oder korrespondenz-realistischen Erkenntnistheorien die Vorteile und Leistungen dieser Annahme bei der Analyse und Lösung eines ganzen Komplexes von subtil zusammenhängenden, erkenntnistheoretisch unabweisbaren Problemen aufweist:

(a) dem Humeschen Problem,
(b) dem Phänomen und Problem der dreifachen Ganzheit und Differenzierung unserer Erfahrung in erfahrendes Ich, Erfahren, Erfahrenes qua Erfahrenes und Erfahrenes qua erfahrene Dinge und Vorgänge,
(c) den Phänomenen und Problemen des Zeitbewußtseins,
(d) dem Problem der Vermeidung der Antinomien,
(e) den (in Kap. I berührten) Phänomenen und Problemen der prinzipiellen Fehlbarkeit, aber auch Korrekturfähigkeit, der Lernbedürftigkeit und -fähigkeit des Erkennens
(f) und des weder bloß formal logischen, noch bloß intuitiven, noch empirisch-hypothetischen Charakters der Mathematik
(g) und ihrer Anwendbarkeit auf Erfahrung,
(h) dem (in Kap. IV behandelten) Phänomen und Problem der Gestalterkennung („pattern-recognition")

(i) und dem (in Kap. VI behandelten) Problem der Annehmbarkeit theoretischer Entitäten und Gesetze.

Kants Argumentation kann insgesamt also als eine Herausforderung angesehen werden, alle anderen Theorien der Erkenntnis mit der seinen unter dem Aspekt ihrer Leistungsfähigkeit bei der Lösung aller dieser Probleme aus einer einzigen, freilich komplexen Grundannahme heraus zu vergleichen und zu bewerten.

7.3 Dies ist auch nach besten heutigen methodologischen Einsichten eine vernünftige und intersubjektiv überprüfbare Art der Argumentation. Und was sie schon bei Kant selbst herausstellt, ist im Vergleich mit anderen, bisher bekannt gewordenen Erkenntnis- und Wissenschaftstheorien immer noch sehr beeindruckend und sowohl der Präzisierung wie Detaillierung und Weiterentwicklung fähig!

IV. KAPITEL

Der Schematismus der Kategorien und das Problem der Gestalt-Erkennung (pattern-recognition)

1. Einleitung: 1.1 Das Problem des Schematismus ist ein wirkliches Problem. 1.2 Kants Leistung im Schematismus-Kapitel liegt darin, dieses Problem gesehen und einen Anfang zu seiner Analyse gemacht zu haben, nicht in der angebotenen ‚Lösung'. 1.3 Schemata sind weder mit Kategorien noch mit Grundsätzen identisch. 2. Das Problem: 2.1 Das Problem des Schematismus als Problem der Gestalterkennung und -wiedererkennung. 2.2 Eine besondere Schwierigkeit der Schemata der Kategorien im Vergleich zu denen empirischer Begriffe. 2.3 Eine besondere Schwierigkeit mit den Schemata der Kategorien im Vergleich mit denen reiner mathematischer Begriffe. 3. Forderungen an mögliche Lösungen des Problems: 3.1 Eine unhaltbare und unnötige Forderung Kants: „Gleichartigkeit" der Schemata mit Kategorien einerseits und Erscheinungen andererseits. 3.2 Unterscheidung von „formalen Bedingungen" und „sinnlichen Bedingungen" der Anwendung von Kategorien. 4. Das ‚sinnliche Mannigfaltige' und die ‚sinnlichen Bedingungen' auf das bzw. nach denen die Kategorien angewendet werden. 4.1 Eine Doppeldeutigkeit in Kants Begriff der Erscheinung. 4.2 Was mit dem ‚sinnlich Mannigfaltigen' schon gegeben sein muß. 4.3 Das Schema der Kausalität als Vorwegnahme des Reichenbachschen ‚Kennzeichnungsprinzips'. 4.4 Zu der transzendentalen Rolle auch leiblicher (nicht nur geistiger = synthetischer) Aktivität. 4.5 Abschließende Bemerkungen über die Notwendigkeit der Annahme einer — wenn auch vielleicht nur faktischen, partikularen und ‚lokalen' Struktur der gegebenen sinnlichen ‚Mannigfaltigkeiten'. 5. Kants „Schemata" genügen den Forderungen nicht und konnten ihnen nicht genügen. 6. Zu den Unterscheidungen und Zusammenhängen von Kategorien, Schemata und Grundsätzen. 6.1 Wie verhalten sich Schemata zu Kategorien? 6.2 Was sind dann — bezogen auf jene — „Grundsätze"? 6.3 Bewährung und Illustrierung der Rekonstruktion an dem paradigmatischen Beispiel der Kategorie ‚Substanz-Akzidens', ihres Schemas und des zugehörigen Grundsatzes. 6.4 Was diese paradigmatische Präzisierung überdies zeigt. 6.5 Schlußbemerkung.

Im nachfolgenden wird zu zeigen versucht,

1.1 daß das Schematismus-Kapitel (vielleicht erstmals in der Geschichte der Erkenntnistheorie) ein bestimmtes, heute sehr konkretes und reales Problem des Erkennens und Wiedererkennens sieht, zu formulieren und zu beantworten versucht;

1.2 daß die erkenntnistheoretische Bedeutung und Leistung des Kapitels vor allem darin liegt, daß Kant das Problem gesehen hat und einen Anfang zu seiner Analyse, Klärung und Formulierung gemacht hat, nicht dagegen in den angebotenen Antworten. Denn diese, so kann man heute relativ leicht sehen, sind — schon immanent — insofern zumeist unbefriedigend, als sie Kants Problemstellung und seinen eigenen Forderungen für das, was Angaben von Schemata enthalten müssen, nicht genügen. Außerdem aber kann man vom heutigen Forschungsstand her, also ‚von außen', sehen, daß eine überzeugende Klärung und Formulierung und insbesondere Beantwortung des Problems für Kant ganz unmöglich waren, weil die dafür nötigen Erkenntnismittel (insbesondere der Relationslogik und der Informations- und Systemtheorie) ihm noch gar nicht zur Verfügung standen, wahrscheinlich sogar heute noch nicht ausreichend zur Verfügung stehen.

1.3 Schließlich wird sich ergeben, daß und warum die Schemata weder mit den Kategorien noch mit den Grundsätzen identisch sein können.

2.1 Da Begriffe stets etwas Bestimmtes oder/und Bestimmbares in bestimmter Weise verknüpfen, kann man, wie Kant dies tut, alle Begriffe als Regeln von Synthesen, d.h. als Regeln von Verknüpfungen auffassen.

Den Einstieg in das Problem, das sich damit ergibt, gewinnt man vielleicht am leichtesten an Beispielen für sog. ‚empirische' Begriffe. Ein solches Beispiel behandelt Kant in B 180 = A 141, wo er schreibt: „Der Begriff vom Hund bedeutet eine Regel, nach welcher meine Einbildungskraft die Gestalt eines (gewissen) vierfüßigen Tieres allgemein verzeichnen kann, ohne auf irgendeine einzige besondere Gestalt, die mir die Erfahrung darbietet, oder auch ein jedes mögliche Bild, was ich in concreto darstellen kann, eingeschränkt zu sein."

Für jeden, der in die einschlägige reiche moderne Literatur einmal hineingesehen hat, ist das deutlich eine grobe Kennzeichnung dessen, was heute unter dem Titel ‚pattern recognition' (Gestalterkennung und -wiedererkennung) nicht nur in der Wahrnehmungs- und Lernpsychologie, sondern auch in dem neuen Wissenschaftsgebiet der „artificial intelligence" mit Hilfe von Computern erforscht wird. Es handelt sich um die Tatsache, daß wir in der Lage sind, Gegenstände, die ihrer besonderen Gestalt nach in vielen, vielfältig und stark verschiedenen Varianten vorkommen, dennoch (und auch wenn wir eine Variante zum ersten Mal sehen) als (z.B.) Hunde zu erkennen und jede bekannte Variante überdies unter vielen, vielfältig und stark verschiedenen Umständen (der Perspektive, der Lage, der Entfernung, der Bewegung, der Beleuchtung und so weiter) wiederzuerkennen.

Im Zuge der Bemühungen um (z.B.) elektronische Systeme, die menschliche Handschriften oder auch nur normale Druckschriften verschiedener Typen, Größen und Druckqualitäten ‚lesen' können, ist wohl mehr als je zuvor klar geworden:

(a) Wenn man erkennen und verstehen will, wie ein menschlicher Verstand (oder überhaupt irgendein vergleichbares, Information verarbeitendes System) irgendetwas Bestimmtes erkennen kann, dann ist es ein unumgängliches allgemeines und nicht nur praktisches Problem, wie unser Verstand es fertigbringt, abstrakt gesehen relativ inhalts-(merkmals-)arme Begriffe, die überdies nur manchmal präzise, oft aber sehr vage sind, so auf sinnlich gegebene Mannigfaltigkeiten anzuwenden, daß sich jene genannten ungeheuer breiten realen Gestalterkennungs- und -wiedererkennungsleistungen ergeben, die zudem durch darauf gezielte Erfahrungs- und Lernprozesse noch stark erweitert und verfeinert werden können.

(b) Erst heute ist wirklich klar, wie recht Kant mit dem nächsten Satz an der oben zitierten Stelle hatte und noch immer hat, in dem er sagt: „Dieser Schematismus unseres Verstandes in Ansehung der Erscheinungen und ihrer bloßen Form, ist eine verborgene Kunst in den Tiefen der menschlichen Seele, ..." (B 180, A 141).

Modern gesprochen: Wir sind (immer noch) sehr weit davon entfernt, das Programm oder die Programme oder auch nur ein überzeugendes mögliches Programm für die Heuristiken zu kennen, nach denen unser Großhirn bei diesen Leistungen der Gestaltwahrnehmung und -wiedererkennung arbeitet und aus den Erfahrungen, die es bei diesem Arbeiten macht, lernt.

2.2 Für eine Erkenntnistheorie von der Art der Kantischen mußte zumindest zu Kants Zeit das Problem noch darum besonders tief und schwer erscheinen, weil es in der „Kritik der reinen Vernunft" nicht um die Schemata für empirische Begriffe und insbesondere nicht um Schemata für die bloße Subsumierung wahrnehmungsmäßig schon vorhandener Dinge oder Vorgänge unter Klassenbegriffe einer schon vorhandenen gelernten oder zu lernenden Sprache geht, sondern um Schemata für „Kategorien". Kategorien aber sind in der *Kritik* Regeln des Verstandes für Synthesen des Einbildens im Anschauen. Sie sind also Regeln für Synthesen, in denen anschauliche Gegenstände (ob mathematische

Figuren und Symbole oder empirische Dinge und Vorgänge) allererst konstituiert werden — nämlich durch „verarbeiten" (A 1, B 1) = ordnen (A 20, B 34) der in unserer Sinnlichkeit „rezeptiv", d.h. bei „Affektion" durch die Dinge qua Dinge an sich auftretenden „sinnlichen Mannigfaltigkeiten". Damit soll freilich nicht behauptet werden, Kant habe völlig unrecht gehabt, auch die Anwendung der Kategorien als „Subsumieren unter Regeln" (B 171, A 132) zu bezeichnen. Auch die Anwendung von Regeln synthetischer Aktivitäten, durch die allererst die Gegenstände der Anschauung als solche konstituiert werden, involviert, da nach B 42 „die Rezeptivität des Subjekts, von Gegenständen (hier: qua Ding an sich!) affiziert zu werden, ... notwendigerweise vor allen Anschauungen dieser Objekte (hier: qua wahrgenommenen) vorher (geht)" und „das Mannigfaltige für die Anschauung noch vor der Synthesis des Verstandes und unabhängig von ihr gegeben sein (muß)" (B 145) explizite eine Subsumption, nämlich die derjenigen Konstellationen der „für diese" synthetischen Aktivitäten „gegebenen" sinnlichen Mannigfaltigkeiten, die gewisse „Kennzeichen" (B 175) aufweisen. Man muß hier allerdings beachten, daß die Behauptung, Mannigfaltiges sei ‚gegeben für' die Synthesen im Anschauen (Synthesen der Apprehension), nicht behauptet, diese sinnlichen Mannigfaltigkeiten seien auch phänomenal für uns „gegeben". Phänomenal sind für uns vielmehr nur komplette Dinge und Vorgänge gegeben. Jene Behauptung ist also ein Satz der meta-theoretischen Analyse Kants, nicht ein deskriptiver Satz über das nach eben dieser Theorie nur und zuerst durch Synthesen phänomenal Gegebene, das — nach Kant — wie die Synthesen selbst, allen möglichen und wirklichen Analysen vorausgeht (B 130).

2.3 Eine weitere besondere Schwierigkeit des Problems der Schemata für Kategorien glaubte Kant zu sehen, als er das Verhältnis Anschauung — Begriff bei „reinen Verstandesbegriffen" (Kategorien) mit dem bei den „reinen geometrischen Begriffen" (B 176, A 137) von anschaulich konstruierbaren Figuren verglich. Er meinte nämlich offenbar, daß man bezüglich der eventuellen Auffindung der Schemata (also der Regeln für die Anwendung von Begriffen) bei Begriffen geometrischer Figuren einen Vorteil habe. Diesen Vorteil sieht er darin, daß sich im Bild der Figur, also des Konstrukts, sozusagen die Konstruktionsregel, die das Schema hier sein müsse (B 180), selbst verbildliche oder als „Monogramm" ihrer selbst niederschlage (B 181). „Dagegen" sei „das Schema eines reinen Verstandesbegriffes etwas, was in gar kein Bild gebracht werden kann." (B 181, A 142). Niemand werde doch z.B. sagen, „die Kausalität könne auch durch Sinne angeschaut werden und sei in der Erscheinung enthalten?" (B 176–77, A 137–38) Kant benutzt diesen Unterschied, um sich der Behandlung des Problems der Schematismen für alle Begriffe, außer den Kategorien, zu überheben, da es eben bei allen anderen vergleichsweise leicht und seine Behandlung daher „unnötig" sei (B 177, A 138). Als allgemeine erkenntnistheoretische Behauptung ist das sicher nicht akzeptierbar. Als Beschränkung des aktuellen Programms der „Kritik der reinen Vernunft", wie Kant sie schreiben wollte, ist jeder Beschränkungsversuch, angesichts der heute deutlichen ungeheuren Schwierigkeit des Problems, nur zu verständlich und kann daher, auch bei Zweifeln an der Relevanz der Prämisse, nicht abgelehnt werden.

3.1 Kants Theorie sieht alle Begriffe und die Anschauungsformen im Grunde als Regeln der synthetischen gegenstandsproduktiven oder/ und reproduktiven Verarbeitung (Trennung, Verknüpfung, Ergänzung, Ordnung, Umordnung) von sinnlich „gegebenen" (im Sinne von: nicht willkürlich produzierten) Empfindungsmannigfaltigkeiten an. In einer solchen Theorie ist die Behauptung, Kategorien seien von Anschauungen „so unterschieden und heterogen" wie keine andere Begriffsart, besonders wenig einleuchtend. Überdies benutzt Kant diese Behauptung, um von ihr als Prämisse zu dem Satz überzugehen: „Nun ist klar, daß es ein Drittes geben müsse, was einerseits mit der Kategorie, andererseits mit der (sinnlichen) Erscheinung in Gleichartigkeit stehen muß ... Ein solche(s) ist das transzendentale Schema." (B 177, A 138)

Natürlich ist es richtig, daß ein Schema, wenn es eine Regel für die Anwendung reiner Verstandesbegriffe auf sinnliche Mannigfaltigkeiten sein soll, Kategorien einerseits und sinnlich Mannigfaltiges andererseits ‚vermitteln' oder in Beziehung setzen muß. Diese Vermittlung würde aber

(a) dadurch noch nicht geleistet, daß etwas in einer Hinsicht mit Kategorien und in einer anderen Hinsicht mit dem sinnlich Mannigfaltigen ‚gleichartig' wäre. Denn, wenn Gleichartigkeit, also partielle Identität, die Vermittlung leisten soll, so muß sie mit Kategorien und sinnlich Mannigfaltigem in derselben Hinsicht bestehen. Da ich in diesem Punkt mit der Kritik von R.P. Wolff (1963, S. 207f., jedoch ohne die Fn. 3!) an der Argumentation Kants übereinstimme, kann ich mich hier auf diesen Verweis beschränken. Überdies kann offenbar jene Vermittlung

(b) durch etwas geleistet werden, ohne daß überhaupt „Gleichartigkeiten" von der Art der bei Kant (B 177, A 138) geforderten, sei es zu beiden Relata in derselben Hinsicht oder zu jedem Relatum in einer anderen Hinsicht, bestehen. Die von Kant angegebenen Schemata, insbesondere das der Kausalität, bieten schon selbst Beispiele für die Richtigkeit dieser Behauptung. Schließlich

(c) gibt Kant die behauptete Gleichartigkeit zwischen Schema und Erscheinung genau genommen entweder überhaupt nicht oder aber falsch an. Er sagt, beide seien „sofern gleichartig, als die Zeit in jeder empirischen Vorstellung des Mannigfaltigen (= Erscheinung) enthalten ist" (B 178, A 139). Gemäß seiner Theorie der „Zeit" heißt das nur, daß die Zeit Form des Anschauens und damit des Angeschauten ist. Das Wort „enthalten" ist hier also keineswegs wörtlich zu nehmen: Die „Zeit" ist nicht – wie etwa sinnliche Empfindungsmaterialien – in dem Mannigfaltigen einer empirischen Vorstellung und damit „in" dieser „enthalten". Alles, was in empirischen Vorstellungen enthalten ist, ist als etwas Zeitliches darin enthalten. Dies und nur dies ist der einzige, mit Kants Theorie der „Zeit" zu vereinbarende genauere Sinn des letzten Teiles des eben aus B 178 zitierten Satzes. Das aber bedeutet, daß die in dem ersten Teil desselben Satzes behauptete Gleichartigkeit von Schema und Erscheinung gerade nicht besteht! Denn die die Zeitlichkeit alles Angeschauten bedingende Anschauungsform „Zeit" ist nicht etwas Zeitliches und nicht etwas sinnlich Anschaubares, und ebensowenig ist ein Schema qua „transzendentale Zeitbestimmung" etwas Zeitliches oder etwas sinnlich Anschaubares. Erscheinungen dagegen sind sowohl etwas Zeitliches als etwas sinnlich Anschaubares. Also muß man dem zitierten Satz von Kant den kontradiktorischen Satz entgegensetzen: „Eine transzendentale Zeitbestimmung ist mit der Erscheinung insofern ungleichartig, als alles und jedes in einer jeden empirischen Vorstellung des Mannigfaltigen Enthaltene" etwas Zeitliches ist, während Schemata nicht etwas Zeitliches, sondern unveränderliche Grundregeln für die Anwendung von Kategorien bei der synthetischen figurativen Bestimmung von Zeitlichem sein sollen.

Die Forderung Kants, Schemata müßten „mit der Erscheinung sofern gleichartig (sein), als die Zeit in jeder empirischen Vorstellung des Mannigfaltigen enthalten ist", ist also erstens, wenn man sie immanent gemäß der Kantischen Theorie der „Zeit" als Anschauungsform präzisiert, falsch. Und zwar ist sie sowohl sachlich falsch (s.o. (c)) als auch logisch falsch (s.o. (a)). Zweitens ist sie unnötig (s.o. (b)).

3.2 Schemata sollen Regeln für den Gebrauch oder die Anwendung der reinen Verstandesbegriffe sein (B 174, A 135). Das heißt, sie oder ihre Formulierungen müssen mindestens folgendes enthalten oder angeben:

(a) Den „Fall",
auf den die jeweilige Kategorie angewendet werden soll. Das heißt genauer: die „sinnlichen Bedingungen" oder „Kennzeichen" der Erscheinungen, bei deren Vorliegen die im Schema angegebene Kategorie — s. (c) — angewendet oder ihre Anwendung „berichtigt und gesichert" werden soll (s. B 174/75 = A 135/36).

(b) Die *formalen Bedingungen* der Sinnlichkeit, „namentlich die des inneren Sinnes", also die Form oder Regel des Anschauens „Zeit". Dies ergibt sich schon daraus, daß die unter (a) genannten „sinnlichen Bedingungen" ja nur jeweils als bestimmte Auswahl aus der Gesamtheit aller formal, nach den Anschauungsformen, möglichen Verhältnisse von Erscheinungen angegeben werden können.

(c) Die Kategorie,
die angewendet werden soll, deren Anwendungsregel also das betreffende Schema ist.

Kants Formulierungen sind so schwankend und im Ausdruck äquivok, und seine Analyse ist noch so lückenhaft, daß man leicht in den Fehler verfallen kann, die hier als (b) explizit detaillierend und etwas präzisierend gesondert erwähnten formalen Bedingungen (also die Anschauungsform, insbesondere die „Zeit") mit den (a), also mit den „sinnlichen Bedingungen" zu identifizieren. Kant selbst hat *explizit* die Notwendigkeit, (a) und (b) zu unterscheiden, und die Bezugnahme von Schemata auf *beide* — soweit ich bisher sehe — nur in seinem Brief an Tieftrunk vom 11.12.1797 ausgesprochen. Dort sagt er: „... durch den Schematismus der Urteilskraft geschieht ... das *Zusammensetzen* ... der Zeitvorstellung gemäß einerseits, zugleich aber auch (bezogen) auf das Mannigfaltige in der Anschauung Gegebene andererseits ..." (Hervorhebungen i. Orig.). (a) und (b) sind also, wie man sieht, nicht identisch, sondern hängen nur eng zusammen. Alles Sinnliche steht als solches stets schon in den Anschauungsformen. Also müssen die „sinnlichen Bedingungen" oder Kennzeichen stets unter anderem in Termini der formalen Strukturen „Zeit" und „Raum" angegeben werden. Eben dadurch wird unausweichlich mindestens implizite bei jeder Formulierung eines Schemas auf Anschauungsformen, insbesondere die „Zeit", Bezug genommen. Dies wurde oben in Punkt (b) herausgestellt.

Wie (a) und (b) sich bei der hier begonnenen und — wie man wohl zu sehen beginnt — keineswegs „trockenen und langweiligen Zergliederung dessen, was" — nach Kants Theorie — „zu transzendentalen Schematen reiner Verstandesbegriffe überhaupt erfordert wird" (B 181, A 142), unterscheiden, kann man sich deutlicher machen, indem man einmal die allgemeine Struktur, die mit dem Term „Anschauungsform Zeit" bei Kant bezeichnet wird, topologisch beschreibt. Eine Beschreibung, die bei Kant leider nirgends gegeben, vielmehr nur vage angedeutet wird. Nach diesen Andeutungen handelt es sich um Verhältnisse des Nacheinander, des Zugleich und des Zugleich mit dem Nacheinander, also der Beharrlichkeit oder Dauer (s. B 67).

In den Abschnitten 7.1–7.3 von Kapitel II ist oben eine solche Beschreibung vorgelegt worden. Um unnötige Wiederholung zu vermeiden, kann hier auf diese Beschreibung verwiesen werden.

4.1 Liest man jene Beschreibung, so wird wohl schon allein dadurch recht deutlich, daß mit den da angegebenen „formalen Bedingungen" noch nicht auch schon die „sinnlichen Bedingungen" oder „Kennzeichen der Erscheinungen" angegeben sein können, nach denen sich entscheidet, ob auf eine Erscheinung diese oder jene Kategorie anzuwenden ist oder — wie Kant auch sagt — ob die betreffende Erscheinung unter diese oder jene Kategorie zu subsumieren ist (vgl. B 178, A 139).

Übrigens ist unbedingt zu beachten, daß der Begriff der „Erscheinung", den Kant hier (B 177 u.178, A 138 u. 139) verwendet (ich bezeichne ihn von nun ab als ‚Erscheinung$_1$'), nicht der ist, den er sonst, etwa in der transzendentalen Ästhetik, verwendet, wo „Erscheinungen" (sagen wir ‚Erscheinungen$_2$') ausdrücklich „Dinge sind, die wir als Gegenstände unserer Sinne annehmen" (B 51, A 34). „Dinge" oder „Gegenstände" kann der Begriff der ‚Erscheinung$_1$' in B 177, 178 unmöglich meinen. Denn „Gegenstände der Sinne" sind schon Produkt der sie allererst konstituierenden Anwendung von Kategorien. In B 177, 178 geht es aber mit ‚Erscheinung$_1$' um etwas, auf das Kategorien allererst angewendet werden sollen und müssen, um dadurch „Gegenstände (also ‚Erscheinungen$_2$') in Übereinstimmung mit jenen Begriffen" zu geben (B 175, A 136). Phänomenal gegeben sind uns also nur ‚Erscheinungen$_2$'. Der Begriff der ‚Erscheinungen$_1$' ist Begriff des Ergebnisses einer erkenntnistheoretischen Analyse und Abstraktion an den ‚Erscheinungen$_2$', nämlich eines Absehens von allen den Formen der ‚Erscheinung$_2$', die die ‚Erscheinung$_2$' nur aufgrund ihrer Konstituierung gemäß den Kategorien haben kann. Bei solcher Abstraktion bleibt nach der Analyse Kants die zeitlich und mindestens rudimentär räumlich geformte (s. B 291–92), anschaulich sinnliche Mannigfaltigkeit des Gegebenen (also der ‚Erscheinung$_2$') als ‚Erscheinung$_1$' übrig. Sie bleibt aber nur analytisch übrig, nicht realiter! Ein reales ‚Abschalten' der Funktion der Kategorien bei Weiterfunktionieren der Verarbeitung des sinnlich Mannigfaltigen nur gemäß den Anschauungsformen gibt es realiter nicht und kann es nach

Kants Theorie nicht geben. (Vgl. hierzu den Absatz A 119–20, wo ebenfalls von ‚Erscheinung₁' die Rede ist!)

Die „formalen Bedingungen" können nicht mit den „sinnlichen Bedingungen oder Kennzeichen" identisch sein, weil jene allgemein sind, was hier heißt: weil ihnen *jede* Erscheinung unterliegt. Dagegen müssen die sinnlichen Bedingungen oder Kennzeichen, die in einem bestimmten Schema einer bestimmten Kategorie anzugeben sind, gerade nur bestimmte Klassen von Erscheinungen als solche auszeichnen, auf die die betreffende Kategorie anzuwenden ist. Andernfalls würde es nur ein Schema für alle Kategorien geben. Diese Annahme würde aber alles Reden von Schemata – Mehrzahl – falsch und damit jedes Reden auch nur von einem Schema überflüssig machen.

Ich versuche daher jetzt, einmal die in Kants Text mehr implizierten als explizierten sinnlichen Kennzeichen ausdrücklich vor Augen zu stellen.

4.2 Beginnen wir bei der von Kant in vielen Varianten verwendeten Rede von dem „sinnlichen Mannigfaltigen" in dem schon oben, Sektion 4.1, herausanalysierten Sinne der Erscheinung₁ : Offenbar wird mit diesem Terminus gesagt, daß das sinnlich Gegebene stets Vieles und Verschiedenes ist. Es gibt also

(a) in diesem Mannigfaltigen, das „für die Anschauung noch vor der Synthesis des Verstandes und unabhängig von ihr gegeben sein (muß)" (B 145), schon Relationen der Verschiedenheit und Gleichheit oder Ähnlichkeit. Eben dies wird auch deutlich, wenn Kant in B 182 davon spricht, daß das synthetische Operieren nach dem Schema der Größe, also das Zählen, aus dem Mannigfaltigen, im Durchlaufen desselben, „Gleichartiges" heraus- und zusammenfaßt.

(b) Nach Kants Theorie ist das sinnlich Mannigfaltige stets schon zeitlich. Also muß es in ihm schon ‚vor' der Synthesis des Verstandes, d.h. „unabhängig von ihr" (B 145), Änderungen (einschließlich Bewegungen) und Nichtänderungen = Konstanzen und ihre Verhältnisse geben. Daß die Verhältnisse von Änderung und Bewegung und Konstanz, obwohl für uns nicht ohne die Anschauungsformen „Zeit" und „Raum" möglich, nur anschaulich rezeptiv gegeben sein können und gegeben sein müssen, sagt Kant unmißverständlich und mit großer Betonung an prominenten Stellen in der *Kritik*. So vor allem in der zum Zentrum der Theorie und damit der ‚Deduktion' gehörenden ‚Widerlegung des Idealismus' und ihrer Verbesserung in der Fußnote B XXXIX–XLI. Diese und einige andere Stellen müssen wir uns wegen ihrer eminenten Wichtigkeit für die hier vorgelegte Rekonstruktion ausführlich ansehen. So schreibt er a.a.O. in dem ‚Beweis':

„Ich bin mir meines Daseins als in der Zeit *bestimmt* bewußt. Alle Zeit-*bestimmung* setzt etwas *Beharrliches* in der Wahrnehmung voraus." (B 275) „Dieses Beharrliche aber kann nicht eine Anschauung in mir sein. Denn alle *Bestimmungsgründe* meines Daseins, die in mir angetroffen werden können, sind Vorstellungen und bedürfen als solche, selbst ein von ihnen unterschiedenes Beharrliches, *worauf in Beziehung der Wechsel* derselben, mithin *mein Dasein in der Zeit*, darin sie wechseln, *bestimmt* werden könne." (B XXXIX) „Man kann hierzu noch die Anmerkung fügen: die Vorstellung von etwas *Beharrlichem im Dasein* ist nicht einerlei mit der beharrlichen Vorstellung; denn diese kann sehr wandelbar und wechselnd sein, wie alle unsere und selbst die Vorstellungen der Materie, und *bezieht sich doch auf etwas Beharrliches, welches also* ein von allen meinen Vorstellungen unterschiedenes und *äußeres Ding sein muß, dessen Existenz in der Bestimmung* meines eigenen Daseins *notwendig mit eingeschlossen wird, und mit derselben nur eine einzige Erfahrung ausmacht*, die nicht einmal innerlich stattfinden würde, wenn sie nicht ... zugleich äußerlich wäre. Das Wie? läßt sich hier ebensowenig weiter erklären, als wie wir überhaupt *das Stehende* in der Zeit denken, *dessen Zugleichsein mit dem Wechselnden* den Begriff der *Veränderung hervorbringt.*" (B XLI) „Veränderung" aber, so wird an vielen Stellen gesagt, z.B. in B 3, „ist ein Begriff, der nur aus der Erfahrung gezogen werden kann," (vgl. a. Fn. B 155, B 213) obwohl er „und mit ihm der Begriff der Bewegung (als Veränderung des Ortes) nur durch und in der Zeitvorstellung möglich ist." (B 48. Alle Hervorhebungen v. mir.)

Hier liegt keineswegs ein Selbstwiderspruch in der *Kritik* vor! Vielmehr handelt es sich um das für die Konstitution der Erfahrung notwendige Zusammenkommen formaler und materialer Bedingungen derselben. So, wie dies — wieder etwas anders gewendet — auch B 480 = A 452 m. Fn. sagt: „Die Sinnenwelt ... enthält eine Reihe von *Veränderungen*. Denn *ohne diese würde selbst die Vorstellung der Zeitreihe, als einer Bedingung der Möglichkeit der Sinnenwelt*, uns nicht gegeben sein." Zusammengenommen laufen diese Stellen auf nicht weniger hinaus, als auf die Anerkennung, daß Veränderung und Konstanz eine für die Möglichkeit des Zeitbewußtseins und damit allen Bewußtseins notwendige = unentbehrliche, somit transzendental fungierende Differenzierung ist, die schon im sinnlich „Mannigfaltigen für die Anschauung noch *vor* der Synthesis des Verstandes und unabhängig von ihr gegeben sein (muß)" (B 145).

Genau das ist auch impliziert, wenn Kant z.B. im Schema der Verknüpfungskategorie „Substanz-Akzidens" als sinnliche Bedingungen und Kennzeichen für die Anwendung dieser Kategorie angibt, es müsse ein Verhältnis von Konstanz = Nichtveränderung = „Beharrlichkeit" = „Bleiben" von etwas gegenüber etwas anderem vorliegen, das „wechselt" = sich ändert (bewegt) = „verläuft" = nicht bleibt (vgl. B 183 = A 143).

4.3 (c) Mit (a) und (b) müssen offenbar im sinnlich Mannigfaltigen auch schon mindestens rudimentär empfundene Unterschiede und Verhältnisse von Aktivität *und* Nichtaktivität *und* Passivität für die Möglichkeit der kategorialen Verarbeitung vorgegeben sein. Das ist z.B. impliziert, wenn Kant in dem Schema der Verknüpfungskategorie „Ursache — Wirkung" als sinnliche Bedingung und Kennzeichen für die Anwendung dieser Kategorie angibt (ich lege hier nur die angegebenen Faktoren explizit auseinander):
(α) es müsse „Succession des Mannigfaltigen", also Folge, also entweder Veränderung oder Bewegung von etwas im Mannigfaltigen vorliegen, und zwar so,
(β) daß, wenn das frühere Glied (Ereignis, Zustand, Phase) der Folge „*nach Belieben gesetzt* wird", das spätere Glied gemäß „einer Regel" folgt (vgl. B 183 = A 144).

Hier ist mehreres beachtenswert:
(A) Bei diesem Schema der Kausalität kann man, ebenso wie bei dem der Größe, wohl schon von einer klar ausgesprochenen Operationalisierung der entsprechenden Kategorie sprechen. (Nimmt man — wie wir es hier tun — die Schemata allgemein als Anwendungsregeln für die Kategorien, so wird man es als einen Mangel ansehen, daß die Formulierungen der übrigen Schemata die nötige Operationalisierung undeutlicher oder gar nicht ablesen lassen.)

Durch die Operationalisierung enthält das Schema der Kausalität übrigens bereits — wenn auch vage — das präzise zuerst von Reichenbach (1928, § 21) formulierte ‚Kennzeichnungsprinzip': Von zwei Ereignissen e_1 und e_2 wird e_1 als Ursache, e_2 als Wirkung aufgefaßt, wenn eine kleine Änderung von e_1, also e_1^*, zu einem entsprechend veränderten e_2^* führt, aber nicht umgekehrt. Nehmen wir dies hier als eine genauere Fassung des Schemas der Kausalität, so sieht man, daß das Schema
(a) eine Operation
(b) mit deren Anwendung variierende bzw. nicht variierende sinnlich-anschauliche Befunde und
(c) eine Kategorisierung (Ursache — Wirkung) verbindet. Durch diese Verbindung kann es, woran im Schematismuskapitel gelegen war, als Regel für die Anwendung der Kategorie der Kausalität dienen. Durch sie kann es aber auch, woran Reichenbach a.a.O. gelegen war, als *ein* — sicher nicht unbeschränkt allgemein als *das* — Kriterium für die Fest-

legung und Unterscheidung einer objektiven Zeitordnung dienen, also für die Entscheidung der Frage, welches von zwei Ereignissen als das objektiv relativ zeitlich frühere bzw. spätere aufzufassen ist.

Gerade auch diese zweite Funktion ist schon in Kants Theorie von fundamentaler, also ‚transzendentaler' Bedeutung. Denn Kant unterscheidet die Rollen der Anschauungsformen, ‚Raum' und ‚Zeit', von der der Kategorien. ‚Raum' und ‚Zeit' als ‚Formen der Anschauung', d.h. als Regeln (oder Gesetze) des Anschauens, „enthalten" nach ihm, für sich betrachtet, „noch gar keine *bestimmte* Anschauung" (B 154). Lies: Sie allein legen noch keine *bestimmte* räumlich-zeitlich-gegenständliche Konfiguration fest. Eine solche nennt Kant eine(n) *bestimmte(n)* Raum bzw. Zeit[1]. Für die Konstitution von *bestimmten* Räumen und Zeiten bedarf es des Zusammenspiels von Anschauungsformen *und* Kategorien. So ist es z.B. „die Kategorie der *Ursache*, durch welche ich, wenn ich sie auf meine Sinnlichkeit anwende, *alles, was geschieht, in der Zeit überhaupt seiner Relation nach* (in Ansehung der Zeitfolge) *bestimme.*" (B 163; Zus. i. d. Klammer aus dem vorhergehenden Satz im Text entnommen; Hervorhebungen v. Kant.)

(B) In welchem Sinne Kant mit Recht davon sprechen kann, eine Anschauung könne zeitlich geordnet sein, ohne noch eine ‚bestimmte objektive Zeitordnung' zu haben, die sie erst durch Anwendung der Kausalkategorie bekomme, zeigt ebenfalls Reichenbachs Beispiel: Sieht man einen Lichtstrahl (etwa eines automatischen Türöffners) über einen Flur laufen, so könnte man erst, indem man etwas in den Lichtstrahl bringt und sieht, ob derselbe dabei auf der Seite A oder der Seite B verschwindet bzw. verändert wird, feststellen, ob er von A nach B oder von B nach A läuft.

Ein weiterer guter Sinn der oben genannten theoretischen Behauptung Kants zeigt sich, wenn die in Kants Redeweise ‚subjektive Zeitordnung'[2] = Folge im Subjekt = Folge im Wahrneh*men* nicht mit der ‚objektiven Zeitordnung' = Folge im Objekt (Ding, Vorgang) übereinstimmt. Es kann — z.B. durch verschiedene Entfernung zweier Beobachter von einer beobachteten Ereignisfolge — die Zeitfolge zweier Ereignisse für das Subjekt$_1$ (= subjektive Zeitordnung$_1$) ‚e_1 vor e_2' sein, während sie für das Subjekt$_2$ ‚e_2 vor e_1' ist. Die ‚objektive Zeitordnung' kann also nicht einfach

---

[1] Über figürlich extensive ‚bestimmte Räume und Zeiten' als sog. ‚Formale Anschauungen' s. B 137/38, 147, 151–155 (insbes. 154/55), 160/61 u. Fn., *202–04*, 214, 219, 457 Fn., 459–461 u. oben, Kap. II, 8 u. 9.

[2] Diese ist übrigens, dank ihrer Konstitution, in Synthesen der Apprehension, Reproduktion und Rekognition (A 99–105) und somit der Beteiligung von Erinnerung an jedem Zeitbewußtsein als solchem, eine irreversibel gerichtete!

mit der ‚subjektiven Zeitordnung' identifiziert werden. Sie ist, da die verschiedenen ‚subjektiven Ordnungen' sich widersprechen, noch ‚unbestimmt' und muß daher – wie Kants Theorie sagt, durch Anwendung der Kausalitätskategorie nach dem Schema derselben – erst bestimmt werden.

4.4 Man lese nun nochmals die Darstellung des Schemas am Beginn des Abschnittes 4.3. Es fällt wohl nicht schwer, sich klarzumachen, daß die verläßliche (regelmäßige) Herbeiführbarkeit einer (Ko-)Variation von etwas Wahrnehmbarem B mit einer von uns selbst willkürlich aktiv setzbaren und gesetzten Variation (Veränderung/Bewegung) von etwas Wahrnehmbarem A in der Tat ein sowohl vorwissenschaftlich wie wissenschaftlich stets benutztes Kriterium für die Annahme eines kausalen Zusammenhanges ist. *Und*: Das „nach Belieben Setzen", das dabei eine entscheidende Rolle spielt, kann nicht nur eine bloß mentale oder ideale synthetische Aktivität sein, sondern muß eine propriozeptiv und exterozeptiv empfundene (heute genauer: rückempfundene – reperzipierte) äußere körperliche Aktivität des Wahrnehmenden sein.[3]

Dies zu erkennen und anzuerkennen bedeutet keine Trivialisierung und „Empirisierung" des transzendentalen Charakters (in Kants Sinn dieses Wortes) der Funktion der Kategorien und ihrer Schemata. Synthetische Aktivitäten und ihre Regeln haben für Kant eine „transzendentale" Funktion, wenn sie Bedingungen der Möglichkeit einer Erfahrung von der Art sind, wie wir sie wirklich haben. Das ist eine Erfahrung, die vor allem dadurch gekennzeichnet ist, daß sie jene eigentümliche dreifache Ganzheit aufweist, die Kant mit dem Namen „Einheit der transzendentalen Apperzeption" belegt. (Für die Analyse und Rekonstruktion dieses zentralen Terms kann ich hier auf Kap. III, 3.1–4 u. 4.4 sowie 5.1–3 verweisen.) So wenig die Synthesen der Apprehension, Reproduktion und Rekognition (s. Kap. III, 4.2) dadurch ihre transzendentale Funktion verlieren, daß sie auch als empirisch phänomenale Aktivität vorkommen, so wenig verliert die im Schema der Kausalität geforderte Aktivität des Subjekts dadurch ihre transzendentale Funktion, daß sie eine auch leibliche, auch empirisch feststellbare Aktivität einschließen muß![4]

Tatsächlich muß man heute von verhaltenstheoretischen und systemtheoretischen Erkenntnissen her mit H.S. Jennings (1906) als grundle-

---

[3] Siehe auch Kap. III, 4.3.5 und zu der für Kant nach der KrV immer wichtiger werdenden Rolle der Leiblichkeit des Subjekts z.B. K. Hübner (1951 u. 1953).
[4] In Hübners Untersuchung über das Opus Postumum wird dies im Abschnitt 3, S. 51–52 u. 63 deutlich bestätigt (Hübner 1951).

gende Einsicht betonen, daß das ganze Verhalten und Lernen freibeweglicher Organismen auf dem Prinzip beruht, daß die Reize, auf die der Organismus reagiert, durch die aktiven Bewegungen des Organismus selbst herbeigeführt werden. Die Rolle der spontan-aktiven leiblichen Bewegung als wirkliche *conditio sine qua non* schon der Wahrnehmung ist in der neueren Wahrnehmungspsychologie experimentell vielfach erwiesen worden.

Eine besonders eindrucksvolle Demonstration bieten die Untersuchungen über aktive und passive Bewegung und Wahrnehmung mit Katzen (und Menschen) von R. Held (1965). Um sie kurz zu skizzieren: Mit ihren Müttern und Geschwistern in völliger Dunkelheit aufgewachsene Katzen wurden im Alter von 8–12 Wochen paarweise für 3 Stunden täglich und 30 Stunden insgesamt in einen Apparat gebracht, in dem die groben Bewegungen der einen, fast normal frei beweglichen Katze auf die zweite übertragen wurde, die jedoch, in einer kleinen Gondel eingeschlossen, diese Bewegung nur passiv mitmachte. Die Bewegungen bestanden aus Wendungen nach links und rechts, kreisförmigem Laufen um den Zentralträger des Apparates und den auf-und-nieder-Bewegungen der aktiven Katze. Beide Katzen waren denselben visuellen Reizmustern ausgesetzt, da sie nur den Boden, den Zentralposten und die Innenseite der kreisförmig sie umschließenden Außenwand sehen konnten, die alle mit unveränderlichen einfachen Streifenmustern versehen waren. Nach dem Ende der Versuche zeigte nur die jeweils aktiv gewesene Katze normales Sehen und normales Verhalten da, wo dieses Verhalten durch Sehen geleitet werden mußte. Die nur passiv denselben visuellen Reizen ausgesetzt gewesenen Katzen dagegen zeigten am Ende der Versuche weder normale visuelle Reaktionen noch ein visuell geleitetes Verhalten.

In diesem Sinne kann man also heute sagen, daß die ‚Kopernikanische Wendung' Kants, die gerade seine ‚transzendentale Wendung' ist, sich als viel umfassender zu vollziehende erwiesen und bewährt hat, als Kant auch nur ahnen konnte. Freilich unter Abstreifung jenes unnötigen und für Menschen uneinlösbaren zusätzlichen Anspruches absoluter und apodiktischer Geltung, den Kant mit Begriffen und Sätzen, insofern sie ein transzendentales ‚Apriori' betreffen, verbinden zu müssen meinte.

Daß, systemtheoretisch gesehen, der Gedanke Kants, den ich oben, 4.3 (c), in Punkt (β) heraushob, keineswegs weniger grundsätzlich wird, vielmehr eher noch allgemeinere und prinzipiellere Bedeutung gewinnt, kommt wohl auch in unserem folgenden, noch immer stark vereinfachenden Versuch einer moderneren Formulierung zum Vorschein.

Es ist für die Möglichkeit jeder Erkenntnis, auch der, die wir in vorwissenschaftlicher Erfahrung gewinnen, also schon für die Möglichkeit unserer elementarsten und gröbsten Orientierung in der wahrgenommenen Umwelt notwendig, das folgende zu unterscheiden und zu verbinden:

(a) Verschiedenheiten und Änderungen gegenüber und mit Ähnlichkeiten und Konstanzen in den sinnlich gegebenen Mannigfaltigkeiten sowie

(b) deren positive und negative Korrelation mit den verschiedenen, uns möglichen willkürlichen Aktivitäten und verschiedenen, uns möglichen Änderungen unserer Aktivitäten (von willkürlichen Änderungen der Blickrichtung bis zu willkürlichen und manipulativen Eingriffen in die Umwelt).

Unter der Frage: Welchen Forderungen müssen mögliche angemessene Formulierungen der Schemata für die Anwendung von Kategorien genügen? ergibt sich damit als ein Hauptpunkt:

Jedes derartige Schema (nicht nur das der Kausalität!) müßte auf je bestimmte (von anderen Schemata verschiedene) Verhältnisse von solchen aktivitätsabhängig variierenden bzw. konstanten und aktivitätsunabhängig variierenden bzw. konstanten Erscheinungen und Erscheinungsänderungen als Kennzeichen Bezug nehmen. Denn: Der Möglichkeit genau jener, für alle Orientierung und alles Lernen in der erfahrenen Welt unentbehrlichen Leistung der Reduktion des sinnlich gegebenen Mannigfaltigen durch Bildung von verläßlichen positiven und negativen Korrelationen solcher Art dienen offenbar die Verknüpfungs- und Unterscheidungsregeln, die Kant Kategorien nennt.[5] Kategorien regeln gerade die Synthesen, in denen das sinnlich Mannigfaltige zu Dingen und Vorgängen und einem gesetzmäßig zusammenhängenden Ganzen von solchen (= ‚Natur' oder ‚Erfahrungswelt') so verarbeitet wird, daß unsere Erfahrung je *eine* zusammenhängende Erfahrung *eines* sich jederzeit mit sich selbst numerisch identifizieren könnenden erfahrenden Ich in *einer* als zusammenhängend erfahrenen Welt sein kann.

4.5 Für Anhänger klassischer, bloß idealistischer Interpretationen der „Kritik der reinen Vernunft" hat die vorangegangene Analyse sicher allzuviel, insbesondere allzuviele Zusammenhänge als schon im sinnlich Mannigfaltigen rezeptiv mitgegeben gefunden. Es ist nach der Analyse und Rekonstruktion von Kants Erkenntnistheorie, von der dieses Kapitel nur ein Teil ist, in der Tat falsch, Kant so zu interpretieren, als bezöge sich sein Begriff der sinnlichen Mannigfaltigkeit auf eine völlig formlose Vielheit bloß hyletischer, sensueller Daten. Denn: Wenn das der Fall wäre, so müßten sich Vermögen der Einbildung und des Verstandes und

---

[5] Siehe auch Kap. III, 4.3.5.

der Vernunft, von der Art, wie sie Kant für den Menschen annimmt, solchen (bloß hyletischen) Mannigfaltigkeiten gegenüber wie göttliche Vermögen verhalten können: sie nämlich synthetisch „aufs Geratewohl oder beliebig apriori ... bestimmen". Statt dessen fügt Kant an der eben im Zitat, durch Pünktchen freigelassenen Stelle (A 104) die restringierenden Wörter „auf gewisse Weise" hinzu und insistiert an unzähligen Stellen in allen Teilen beider Auflagen der „Kritik der reinen Vernunft" immer wieder darauf, daß weder je aktuelle und partikulare dinglich-vorgängliche Konfigurationen noch die empirischen Gesetze ihrer Veränderungen und Zusammenhänge aus den Anschauungsformen und Kategorien und Schemata und Grundsätzen abgeleitet werden können, sondern wir uns vielmehr bezüglich ihrer von der ‚Natur' oder Erfahrung *belehren lassen müssen.*[6]

Berücksichtigt man all diese Stellen, so kann das Verhältnis von synthetisch verarbeitender Aktivität zu sinnlicher Mannigfaltigkeit nur so sein, daß die im sinnlichen Mannigfaltigen schon rezeptiv vorgegebenen, aber nur faktischen, partikularen, lokalen und zufälligen Zusammenhänge zwischen Simultanem und/oder nacheinander Folgendem in den kategorial geregelten verarbeitenden Synthesen nicht wahllos reproduziert, sondern auch produktiv ergänzt (s. A 119, 120 u. 120 Fn.) und integriert und auf die so ergänzten und integrierten Zusammenhänge selektiv reduziert werden. Die so resultierenden Zusammenhänge haben dann erst von den kategorial geregelten Synthesen her ihren Charakter von

(a) allgemeinen = durchgängigen, Erfahrung als eine zusammenhängende ganze konstituierenden und

(b) notwendigen — nämlich für die oben, Kap. III, 3.1–4 u. 4.4 sowie 5.1–3, beschriebene dreifache „Einheit der Apperzeption", „welche die Vernunft sucht und bedarf"! (B XIII), notwendigen — Zusammenhängen. Vergleiche zu dieser Rekonstruktion auch die — soweit ich sehe — hiermit im wesentlichen übereinstimmende und in mancher Hinsicht auch als passende Ergänzung geeignete Interpretation von Kambartel (1968, S. 95–112; dagegen nicht S. 112ff.).

5.0 Die Herausarbeitung der Bedingungen für oder Forderungen an ein Schema, die entweder in Kants Text explizit aufgestellt werden oder implizit in ihm liegen, läßt wohl bereits ohne weiteres erkennen, daß die

---

[6] Vgl. u.a. B XIII–XIV; A 100/01, 127; B 123, 124, 165, 194 letzter Abs. – 197, 213, 219, 263, 508, 748–751, 792–794, 798 (2. Abs.) und *„Prolegomena"* § 22 u. Fn.

Angaben, die Kant bei der Formulierung der Schemata machte, diesen Forderungen nicht genügen — freilich auch gar nicht genügen konnten. Wir wissen selbst heute noch nicht genug, um die Angaben für auch nur eines der Schemata so zu machen, daß sie den Forderungen genügen. Diese Forderungen stellen daher — soweit sie richtig sind — noch immer ein Forschungsprogramm dar, und zwar — wie ich meine — nicht nur ein Programm für weitere Kantinterpretation, sondern auch eines für systematische erkenntnistheoretische und systemtheoretische Untersuchungen zum gegenwärtigen Problem der ‚pattern recognition'.

6.1 Aus dem, was oben in 2.1 (a), in 2.2 und in 3.1–2 gesagt wurde, ist — in Übereinstimmung mit Kant — schon ersichtlich, daß es sich bei den Schemata um Regeln (B 174 = A 135) der Anwendung der Kategorien (B 173 = A 137, 2. Abs.) handeln muß (s. a. B 178 = A 139). Man könnte es modern auch so ausdrücken: Die Schemata sind *operationale* ‚Definitionen' oder Interpretationen der Kategorien bzw. deren operationale ‚*Korrespondenz-*' oder ‚*Zuordnungsregeln*'.

Eine Verwirrung oder gar Identifizierung der Kategorien mit ihren Schemata scheint stets nahezuliegen, weil nach Kant schon die Kategorien selbst — wie übrigens *alle* Begriffe überhaupt — Regeln sind. Die Kategorien — genauer spezifiziert — sind Regeln des Verstandes für Synthesen des Einbildens im Anschauen. Kategorien sind also Regeln derjenigen figurativen (B 151–56) synthetischen Verarbeitungsprozesse, in denen anschauliche Gegenstände, ob mathematische Figuren und Symbole oder empirische Dinge und Vorgänge, allererst als solche konstituiert werden — nämlich durch ‚verarbeiten' (A 1 / B 1) = ‚ordnen' (A 20 / B 34) der in unserer Sinnlichkeit ‚rezeptiv' bei „Affektion" durch die Dinge (an sich genommen) auftretenden „sinnlichen Mannigfaltigkeiten".

Schemata sind dann Regeln, nach denen ‚gegebenen' (= nicht willkürlich produzierten) sinnlichen Mannigfaltigkeiten, falls sie gewisse ‚Kennzeichen' (B 175) aufweisen, gewisse Kategorien zugeordnet werden, nach denen die betroffenen sinnlichen Mannigfaltigkeiten zu bestimmten anschaulichen Konfigurationen (z.B. Dingen und Vorgängen mit Eigenschaften und Relationen) ‚konstituiert' — werden.

Um die Unterscheidung und den Zusammenhang zwischen Kategorien und Schemata deutlich und einleuchtend zu machen, müssen aber nun auch die zwanglos zu ihr passenden Unterscheidungen und Zusammenhänge zwischen Kategorien und Grundsätzen sowie Schemata und Grundsätzen noch herausgearbeitet werden.

Anders gewendet: Wenn man die Unterscheidung und den Zusammenhang zwischen Kategorien und Schemata so wie oben angegeben re-konstruiert, ergibt sich die Frage:

6.2 Was sind dann die „Grundsätze"? Eine direkte, positive, wenn auch sehr vage Bestimmung gibt Kant nur im ersten Absatz der ‚Analytik der Grundsätze' (A 148 / B 187). Dort sagt er (in Übereinstimmung mit der oben gegebenen Rekonstruktion) von dem vorangegangenen Schematismuskapitel, es habe die „Bedingungen erwogen, unter denen ... allein die reinen Verstandesbegriffe zu synthetischen Urteilen" gebraucht werden dürfen. Dann fährt er fort mit dem Satz: „Jetzt (d.h. in der Analytik der Grundsätze) ist unser Geschäft: die Urteile, die der Verstand unter dieser kritischen Vorsicht (lies: unter den in den Schemata angegebenen Bedingungen) wirklich a priori zustande bringt, in systematischer Verbindung darzustellen."

Nimmt man diese Aussage ernst und präzisiert sie soweit wie möglich, dann sind Grundsätze allgemeine Sätze über das Ergebnis der Anwendung gewisser Verarbeitungsregeln (Kategorien) auf gewisse sinnliche Bedingungen. Mit anderen Worten, es sind Sätze über allgemeine Charaktere des mit Hilfe der Kategorien, Schemata und Anschauungsformen aus ‚gegebenen' sinnlichen Mannigfaltigkeiten Konstituierten (in der Empirie) bzw. Konstruierten (in der Mathematik).

6.3 Um sich dies mit Bezug auf irgendeine Kategorie (als paradigmatisches Beispiel für beliebige Kategorien) klarzumachen, ist es nötig auszuführen, was Kant selbst in der KrV leider nie ausgeführt hat: nämlich Kategorien einmal expressis verbis als das zu formulieren, was sie nach Kants Theorie sind oder sein sollen: Regeln der synthetischen Verarbeitung, die aus sinnlich ‚gegebenem' Mannigfaltigem Gegenstände der Wahrnehmung und Erfahrung konstituiert.

Tut man das aber und setzt man das nach der oben dargestellten Auffassung rekonstruierte Schema hinzu, so kann man leicht sehen, wie sich aus Kategorie plus Schema des Konstitutionsprozesses der entsprechende Grundsatz über das in jenem Prozeß Konstituierte ergibt.

Beispiel: Kategorie ‚Substanz-Akzidens'.

1. *Kategoriale Regel (K-Regel 1)*: In allen sinnlichen Mannigfaltigkeiten konstruiere (a) eine vollständige Aufteilung in Substrate (Substanzen) und Akzidenzien, und zwar (b) so, daß die als Akzidenzien konstruierten Teile (Elemente oder Gruppen) den als Substrate konstruierten Teilen als ihnen inhärierend verbunden werden.

2. *Schema = Anwendungsregel (S-Regel 1)* für die K-Regel 1: Unterscheide im Durchlauf aller sinnlichen Mannigfaltigkeiten das (relativ) Invariante vom (relativ) Variablen und identifiziere invariante Teilfigurationen als Substrate und variable als Akzidenzien an den Substraten, und zwar so, daß die Aufteilung in Akzidenzien und Substrate und die Zuordnung jener zu diesen eine widerstreitfreie räumlich-zeitliche Gesamtkonfiguration = Einheit der Apperzeption ergibt.

Dann ergibt sich durch Anwendung der K-Regel gemäß der S-Regel auf sinnliche Mannigfaltigkeiten:

3. *der Grundsatz* (vgl. Fassung A): Alle so konstituierten Erscheinungen enthalten das Beharrliche (Substanz) als den Gegenstand und das Wandelbare als dessen bloße Bestimmung.

Mit anderen Worten: Anwendung der K-Regel gemäß der S-Regel dient der Reduktion der sinnlichen Mannigfaltigkeit auf eine Mannigfaltigkeit von widerstreitfrei räumlich-zeitlich geordneten Dingen und Vorgängen mit wechselnden Eigenschaften und Relationen.

6.4 Diese paradigmatische Präzisierung – so korrekturbedürftig und unbefriedigend die in ihr verwendeten Formulierungen im einzelnen auch noch sein mögen – zeigt nicht nur deutlich den im Prinzip sinnvollen systematischen Zusammenhang von Grundsätzen mit Kategorien plus Schemata. Sie hat auch den Vorteil, sogleich einiges Weitere ans Licht zu bringen. Z.B.: (1) Es wird sichtbar, daß in dem Schema noch keine Regel und keine Kennzeichen dafür angegeben werden, wie wir es fertigbringen, zwei Arten von Substraten zu unterscheiden. Denn wir konstruieren tatsächlich nicht nur Dinge, sondern auch Vorgänge als Substrate von Eigenschaften und Relationen. (2) Ferner wird durch sie der genauere Sinn des ‚obersten Grundsatzes aller synthetischen Urteile' (A 154 –58 / B 193–97) deutlich, nach welchem ‚die Bedingungen der Möglichkeit der Erfahrung' (lies: des Erfahrens), also die gemäß den S-Regeln in der Verarbeitung des sinnlich Gegebenen angewendeten K-Regeln, ‚zugleich Bedingungen der Möglichkeit der Gegenstände der Erfahrung sind, und darum objektive Gültigkeit in einem synthetischen Urteil a priori haben' (A 158 / B 197, A 111, 112), welches die aus jenen Bedingungen bzw. ihrer Anwendung im Erfahren resultierenden allgemeinen Charakteristika der so konstituierten Erfahrungsgegenstände ausspricht.

Dieser ‚oberste Grundsatz' formuliert also nur allgemein das Verhältnis, das nach der hier vorgeschlagenen präzisierenden und detaillierenden Rekonstruktion für jede Kategorie qua Regel des synthetischen Verarbeitens im Erfahren zwischen Kategorie plus Schema und korrespondierendem Grundsatz zwangsläufig bestehen muß.

(3) Schließlich wird in der vorgelegten paradigmatischen Detaillierung und Präzisierung des Zusammenhangs zwischen Kategorien, Schemata und Grundsätzen die unentbehrliche Rolle der ‚Einheit der Apperzeption' (s. oben: S-Regel!) als Ziel und damit Kriterium der Akzeptabilität jeder geleisteten Konstitution von Erfahrungsgegenständen sichtbarer und einsehbarer, als wenn man diese Einheit (wegen ihres Charakters als dem eines Kriteriums, das in jedem Schema für jede Kategorie identisch vorkommen muß) aus den Schemata herausnimmt und allen Kategorien, Schemata und Anschauungsformen als Globalbedingung vor- oder überordnet, wie es die Kantische Darstellung in der KrV tut.

Wie stark die Forderungen dieses Kriteriums sind und was es alles verlangt, kann man freilich umgekehrt wieder besser in einer gesonderten Darstellung zeigen. Dazu kann ich hier auf Kap. III, 3.1–4 und 4.4 sowie 5.1–3 verweisen, wo ich zu zeigen versucht habe, daß die Einheit der Apperzeption nicht irgendeinen durchgängigen zeitlichen Zusammenhang meint, sondern jenen eigentümlichen Gesamtcharakter, den unsere Erfahrung schon vorreflektiv und vorwissenschaftlich tatsächlich hat: den einer dreifachen Einheit, der Einheit *einer* ganzheitlich in sich zusammenhängenden erfah*renen* Welt, je *eines* ganzheitlich in sich zusammenhängenden Erfah*rens*, je *eines* ganzheitlich in sich zusammenhängenden, als in der wahrgenommenen Welt befindlich mitwahrgenommenen, die Welt von einer Stelle in ihr Wahrneh*menden* und Erfah*renden*.

Diese letztgenannte Bedingung des möglichen Selbstbewußtseins im Bewußtsein, so habe ich weiter zu zeigen versucht, wird – soweit wir bisher wissen und sehen können – nur durch eine Konfiguration des sinnlich Gegebenen zu Dingen und Vorgängen mit räumlich-zeitlich-perspektivischen ‚Abschattungen' erfüllt, vermöge deren allein man eben an den wahrgenommenen Dingen der wahrgenommenen Welt wahrnimmt, daß man sie von einer Stelle hier-jetzt in der Welt wahrnimmt und so sich selbst als den sie von dieser Stelle Wahrnehmenden mitwahrnimmt. Hier liegt der tiefste Grund dafür, daß es zwar nicht falsch, aber zu vage und dadurch irreführend ist, die ‚Bestimmungen der Erscheinungen', um die es in den Schemata geht, bloß als ‚Zeitbestimmungen' zu bezeichnen.

6.5 Wie richtig und nahe am Text diese Interpretation und Rekonstruktion ist, zeigt sich auch an der ‚Analytik der Grundsätze', obwohl dort keineswegs, wie man nach der Ankündigung in den ersten zwei Absätzen (A 148–49 / B 187–88) erwarten könnte, eine systematische Aufstellung der Grundsätze mit Begründung aus der jeweiligen Verbindung von Kategorie und Schema gegeben wird. Kant sagt: ‚aus den subjektiven Quellen der Möglichkeit einer Erkenntnis'. (Hier hat ‚subjektiv' nicht die uns geläufige Bedeutung. Es heißt ‚im Subjekt liegende, zum Subjekt gehörende ...' Diese auf seiten des Subjekts lokalisierten, aber seine Gegenstände konstituierenden Quellen sind die synthetischen Verarbeitungs-‚Handlungen des Gemüts', deren Regeln die Anschauungsformen und Kategorien und Schemata sind.) Tatsächlich wird diese a.a.O. explizit und systematisch folgerichtig aufgestellte Zielsetzung, in den Hintergrund gedrängt dadurch, daß Kant in diesem Teil der *Kritik*, insbesondere in der Fassung A und insbesondere in den zentralen Sektionen über die erste und zweite Analogie, die allgemeine ‚Deduktion' der ‚Notwendigkeit' (= Unentbehrlichkeit für die Konstitution der Erfahrung = Unvermeidlichkeit in der Verarbeitung sinnlicher Mannigfaltigkeiten) von Kategorien und ihrer Gültigkeit für alle mit ihnen konstituierten Gegenstände, durch eine ‚spezielle Deduktion' der Kategorien der Relation oder mindestens durch Beiträge (Argumente) zu einer solchen ergänzt. (S. dazu Kap. III, 4.3 – 4.)

V. KAPITEL

Über Schema und Grundsatz der Wechselwirkung und die prinzipielle Relativität der Gleichzeitigkeit

1.0 Warum Schema und Grundsatz der Wechselwirkung einer rationalen Rekonstruktion besondere Schwierigkeiten bieten: 1.1 Die mindestens acht (8) verschiedenen Begriffe oder Kennzeichnungen von ‚Wechselwirkung' in der *Kritik* und den *MA*. 1.2 Die mindestens vier (4) verschiedenen Substanzbegriffe in der *Kritik*, die die Schwierigkeiten multiplizieren. 2.1 Diskussion und systematische Einschätzung der Begriffsvarianten A, B, B_1, B_2 und C. 2.2 Nachweis der immanenten Unzulässigkeit der Varianten B_1 und C, also der Unzulässigkeit einer zeitlosen = unendlich schnellen Wirkung durch den Raum in dem transzendentalphilosophischen System der *Kritik*. 2.3 Analyse der Begriffsvarianten B_2 und D mit dem Begriff einer endlich schnell sich ausbreitenden, also zeitlichen wechselseitigen Einwirkung und probeweise entsprechende Rekonstruktion des Schemas. 2.4 Konsequenzen dieser Rekonstruktion. 2.5 Weitere Konsequenzen und die Frage, ob überhaupt ‚Wechselwirkung' als eine besondere Kategorie angenommen werden muß. 2.6 Bemerkungen zu der Begriffsvariante E. 2.7 Bemerkungen zu der Begriffsvariante F. 2.8 Wie auch diese immanente Rekonstruktion zum Vorschein bringt, daß die *Kritik* nicht Newtons Mechanik, sondern allgemeiner eine Art von empirischer Natur-Wissenschaft in ihrer Möglichkeit begründet, zu der sowohl Newtons wie Einsteins Physik nur verschiedene (und sie nicht erschöpfende) Unterarten sind.

1.0 Schema und Grundsatz der Wechselwirkung haben von jeher den Interpreten Kants besonders große Schwierigkeiten geboten. Soweit ich sehe, hat vor allem Gerd Buchdahl (1969, s. insbes. S. 552–61, 577 –86, 665–71, 678 ff.) unübertrefflich deutlich gemacht, warum dies so ist. Er zeigte, wie viele verschiedene und miteinander in Konflikten liegende Motive hier bei Kant ständig durcheinandergehen. Unsere, rein systematische Rekonstruktion nur der Erfahrungs- und Wissenschaftstheorie in der KrV dagegen muß unter den explizit bei Kant selbst noch zum Ausdruck kommenden Motiven natürlich auswählen – um der Präzisierung wie um der inneren Konsistenz willen.

1.1 Zu den verschiedenen ‚Motiven' oder Begriffen von ‚Wechselwirkung', die in der Kategorie, ihrem Schema und dem Grundsatz bei Kant durcheinandergehen, gehören in der ersten und zweiten Auflage der

Kritik sowie den *Prolegomena* und den *Metaphysischen Anfangsgründen der Naturwissenschaften* (kurz: MA) als dazwischenliegenden und systematisch dazugehörigen Schriften mindestens die folgenden:
(Die Reihenfolge ist *keine* Rangfolge; die Liste beansprucht *keine* erschöpfende Vollständigkeit!)

A) „*Alle* äußere Wirkung in der Welt ist Wechselwirkung." *MA*, Mechanik, 1. Satz d. Beweises z. Lehrs. 4 (AA IV, 544).

B) „In den Schranken der Mechanik (ist) Wechselwirkung (*actio mutua*) zugleich G e g e n w i r k u n g (*reactio*)." Der Grundsatz der Wechselwirkung besagt hier, daß bei Anziehung und Abstoßung zwischen Körpern „Wirkung und Gegenwirkung einander jederzeit gleich seien" (ibid., 2. Satz und letzter Satz des Beweises).

B_1) Wechselwirkung ist „unmittelbare"[1] = „nicht durch andere Materie vermittelte"[2], sich im Raum „mit unendlicher Geschwindigkeit"[3] „ins Unendliche erstreckende"[4] gegenseitige Anziehung aller Materie (= instantane Fernwirkung).
1) *MA*, Dynamik, Lehrs. 7 (AA IV, 512)
2) *MA*, Dynamik, Lehrs. 7, Anm. 1 z. Beweis (ibid. 513)
3) *MA*, Allg. Anm. z. Mechanik, 1. Abs. (ibid. 552)
4) *MA*, Dynamik, Lehrs. 8 (ibid. 516)

B_2) Wechselwirkung ist mittelbarer = durch Materie und „Berührung in der gemeinschaftlichen Grenze zweier Materien" vermittelter[1], sich mit endlicher Geschwindigkeit fortpflanzender[2] gegenseitiger Druck und Stoß jeder Materie mit jeder sie berührenden (= Nahewirkung).
1) *MA*, Dynamik, Anm. z. Erklärung 6, letzter Satz (AA IV, 512)
   MA, Dynamik, Allg. Anm. z. Dynamik, 1. Abs. (ibid. 524)
2) *MA*, Dynamik, Beweis z. Lehrs. 2 (ibid. 499)

C) Wechselwirkung ist „wechselseitige Kausalität der Substanzen in Ansehung ihrer Akzidenzien. Das Schema derselben ist das *Zugleichsein der Bestimmungen* der Einen mit denen der Anderen nach einer allgemeinen Regel." (B 183/84 = A 144; Hervorhebung v. mir.)

D) Wechselwirkung ist „*wechselseitige Folge der Bestimmungen* der auseinander zugleich existierenden Dinge". (B 257; Hervorhebung v. mir. Siehe a. B 259 = A 212! und B 292/93)

E) Wechselwirkung = Zusammen- und Gegeneinanderwirken der dadurch die Körper als wahrnehmbare ‚bestimmte Räume', also als materielle räumliche Dinge[1] konstituierenden Grundkräfte von Anziehung *und* Abstoßung[2]

1) Siehe oben, Kap. II, 8 u. 9; *KrV* B 137/38, 147, 151/52, 155 Fn., 201 Fn., 202–206, 221, 258–261, 459, 748–751; *MA*, Allg. Anm. z. Phänomenologie, 2. Abs. (AA IV, 559)
2) *MA*, Dynamik, Lehrs. 5 u. 6 (AA IV, 508 u. 510) sowie 4. Abs. d. Anm. 1 zum Zusatz 2 zu dem Beweis v. Lehrs. 8 (ibid. 521).

F) Wechselwirkung = wechselseitige phänomenale und physikalische Bestimmung der Raum-Zeit-Stellen der Dinge und Vorgänge relativ zueinander, also = durchgängige gegenseitige Relativität der räumlich-zeitlichen Lage- und Bewegungsbestimmung der Objekte untereinander einerseits und der Objekte und des Subjekts (bzw. der Subjekte) andererseits. (B 260, 275/76, Fn. XXXIX–XLI, 277/78, 292–294; s. a. Kap. III, 5.1–3 u. 3.1–4.)

Einige der aufgezählten Begriffe von Wechselwirkung hängen eng zusammen, einige heben vielleicht nur verschiedene Aspekte hervor. Einige aber widersprechen sich anscheinend. („Anscheinend' muß hier eingefügt werden, weil keine der Begriffsbestimmungen scharf und eindeutig genug ist, um einen solchen relativierenden Zusatz zu unseren Einschätzungen zu erübrigen.)

1.2 Die Schwierigkeiten, die hieraus entstehen, werden unglücklicherweise noch dadurch multipliziert, daß in die Wechselwirkungsbegriffe die Begriffe von ‚Substanz–Akzidens' sowie von ‚Ursache–Wirkung' eingehen. Bei Kant gehen aber auch mindestens vier verschiedene Substanzbegriffe ständig durcheinander:

(a) Der grammatikalische und logische Begriff des Substrats oder Subjekts für Prädikate.

(b) Eine Interpretation und Verschärfung von (a) ist der klassische, ontologische Begriff der Substanz als des selbständig Seienden (= absolutes oder letztes Subjekt, das nicht seinerseits auch noch als Prädikat von einem anderen Subjekt gebraucht werden kann). Dieser vorkritische Begriff geistert leider deutlich noch in dem Kapitel zu der ersten Analogie herum.

(c) Die kritisch transzendentalphilosophische Kategorie ‚Substanz–Akzidens'. Diese ist (im Unterschied zu (b)) ein rein erkenntnistheoretischer Verknüpfungsbegriff. Als solcher mußte sie Begriff eines nach relativ beständigen Verlaufsmustern sich ändernden, mehr oder weniger komplexen Gefüges relativ wechselnder Bestimmungen sein. Die Verarbeitung der sinnlich gegebenen Mannigfaltigkeiten nach dieser Kategorie führt also zur Konstitution von phänomenalen Dingen und Vorgängen mit Eigenschaften und Relationen. Siehe hierzu auch Kapitel III, 4.3.3

und 4.4 sowie IV, 6.3. Dieser eigentlich kritische Begriff von Substanz ist bei Kant selbst noch nicht klar, geschweige denn voll entwickelt.

(d) Der dynamische Begriff der Substanz (Materie) als Ausgangs*punkt* zweier Kräfte: Anziehung und Abstoßung, die durch ihr Gegeneinanderwirken und ihr wechselseitiges Wirken zwischen allen Teilen der Materie nach zwei verschiedenen Ausbreitungsgesetzen, die materiellen räumlich-zeitlichen Körper konstituieren sollen. (Siehe oben, Wechselwirkungsbegriff E.) Dieser Begriff tritt vor allem in den *MA* und in der *Kritik* in B 250–252 = A 204–207 in den Vordergrund.

Die Begriffsvariante (b) hat in einer Transzendentalphilosophie — ausgenommen Kants sog. transzendentale Dialektik — nichts zu suchen, weil sie zu einer Art Metaphysik gehört, gegen die sich die *Kritik* gerade wendet.

Die Variante (d) hat dort nichts zu suchen, weil sie eigentlich kein erkenntnistheoretischer, kein *meta*-theoretischer Begriff, sondern ein (freilich hochspekulativer) physikalischer, also objekttheoretischer und objektsprachlicher Begriff ist.

2.1 Wir müssen uns nun die verschiedenen aufgeführten Begriffe oder Aspekte der Wechselwirkung etwas näher ansehen, um eine Entscheidung darüber zu treffen, ob irgendeiner von ihnen systematisch akzeptabel für Schema und Grundsatz der dritten Relationskategorie rekonstruiert werden kann.

Zu A (s. S. 115): Die Behauptung, daß ausnahmslos alle Wirkung Wechselwirkung sei, muß mehrere Bedenken erwecken:
(a) Wenn sie richtig ist, wozu dann noch eine Kategorie der Kausalität daneben?
(b) Sie ist nicht plausibel, sondern sicher falsch; denn wenn ich z. B. das Licht eines fernen Sternes sehe, ist das eine Wirkung von dessen Strahlung auf mich, *diese* Wirkung *ist* aber keine Rückwirkung auf den Stern oder auf dessen Strahlung (Ww. Typ B), noch läuft ihr eine umgekehrte Wirkung entgegen (Ww. Typ C oder D).
(c) Der Satz ist auch immanent falsch. Kant selbst hatte schon in *De mundi* ..., § 17, 1. Abs. erkannt, „Die Beziehung des Verursachten auf die Ursache ist *nicht* Gemeinschaft, sondern Abhängigkeit. Mithin bedarf es, wenn sie (nämlich: Substanzen) mit anderen eine gewisse Gemeinschaft haben, eines besonderen Grundes, der dies genauer bestimmt." (Hervorhebung u. Erl. i. d. Klammer v. mir.)

Zu B:
(a) Dieser Grundsatz gilt nicht allgemein, sondern nur bei Zug und Stoß. Er folgt da schon aus der Relativität aller geradlinigen Bewegungen auf-

einander. (Siehe Beweis z. Lehrs. 4 d. Mechanik, *MA* und Beweis z. Lehrs. 3 d. Phänomenologie d. *MA*)
(b) Nicht nur aus der Begrenztheit des Anwendungsgebietes (s. Einwand (a)), sondern auch aus dem Charakter des Satzes ergibt sich der tiefergreifende und gewichtigere Einwand, daß es sich dabei offensichtlich um einen typischen Grundsatz *objekt*-theoretischer Art, also einen Satz der Naturwissenschaft und *nicht* — wie es in einer Transzendentalphilosophie von der Art der *Kritik* sein müßte — um einen erkenntnistheoretischen = *meta*theoretischen Satz handelt.

Zu B_1 und B_2: Da schon B kein allgemeiner Begriff der Wechselwirkung ist, B_1 und B_2 aber zwei radikal verschiedene (B_1 = unzeitliche, B_2 = zeitliche) Unterarten derjenigen Gattung von phsysischen Wechselwirkungen sind, für die B gilt, so gelten die Einwände zu B hier erst recht und verstärkt.

Zu B_1 und C: In C ist aus dem Begriff einer allenfalls partikularen Unterart der physischen Wechselwirkung (= B_1) ein angeblich transzendentaler Begriff geworden. Die Gravitation oder Anziehungskraft, um die es hier gemäß den *MA* (s. a.a.O.) explizit und eindeutig geht, ist, da sie bei Kant zur Möglichkeit der Konstitution einer materiellen Körperwelt ausdrücklich eine andere und andersartige Wechselwirkung der Abstoßung mit Notwendigkeit fordert (u. umgekehrt! s. dafür *MA*, Dynamik, Lehrs. 5 u. 6), zwar eine „Grundkraft", aber doch eben nur eine unter zwei verschiedenen Wechselwirkungen und also unmöglich DIE Wechselwirkung und schon gar nicht die *Kategorie* der Wechselwirkung.

C ist das wörtlich zitierte angebliche *Schema* der Wechselwirkung. Und es impliziert leider gerade auch das, was Kant bei seinen Fassungen, Erläuterungen und ‚Begründungen' der dritten Analogie ebenfalls voraussetzt: unbegrenzt instantane, also zeitlose (!) Fernwirkung. Es war ganz offenbar Kants Absicht, gerade mit der *gesonderten* Kategorie der ‚Wechselwirkung' und ihrem Schema und Grundsatz seiner Erkenntnis- und Wissenschaftstheorie den Begriff der zeitlosen (keine Zeit verbrauchenden) Fernwirkung anzugliedern, den er, wie die meisten seiner Zeitgenossen, in Gestalt des Begriffes der Gravitation in Newtons Mechanik enthalten sah. Daß jeder Begriff eines *zeitlosen* Wirkens aber mit allen Kernsätzen seiner eigenen Theorie der Erfahrung und Erfahrungswissenschaft in der transzendentalen Ästhetik und Analytik völlig unvereinbar ist, hat Kant dabei gar nicht bemerkt. Soweit ich sehe, scheint es auch keiner seiner bisherigen Interpreten bemerkt zu haben.

2.2 Wir müssen uns daher diesen wichtigen und fundamentalen Punkt näher ansehen.

V.2.2

Sowohl gemäß der *Transzendentalen Ästhetik* wie der *Transzendentalen Analytik* gilt: „Die Zeit ... ist in Ansehung ... *aller* Dinge, die uns in der Erfahrung vorkommen können, *notwendigerweise objektiv*." (B 51 = A 35; Hervorhebungen v. mir.) *Alles* Anschauen und daher auch *alles* Angeschaute und Anschaubare und mit solchem gemäß den Postulaten Zusammenhängende muß *zeitlich* sein, also „Verhältnisse des Nacheinander-, des Zugleichseins und dessen, was mit dem Nacheinandersein zugleich ist (des Beharrens)" aufweisen. (B 67 u. B 219 = A 177).

In den *Prolegomena*, § 26, 3. Abs. sagt Kant deutlicher noch und eindeutiger als in der *Kritik* selbst, daß nach den konstitutiven Grundsätzen (den ‚Axiomen' und ‚Antizipationen') alles, was „unter dem Begriff der Größe steht", „*einen Teil von Raum und Zeit* einnehmen" muß, (Hervorhebung i. Original!) also — moderner gesprochen — *Zeit verbrauchen muß*. Man könnte dies am treffendsten als den *Grundsatz der endlichen kontinuierlichen Extensionalität alles Zeitlichen bezeichnen*.

Dem entspricht genau, was wir in der *Kritik* selbst in B 211, 2. Absatz = A 169/170 lesen:

„Die Eigenschaft der Größen, nach welcher an ihnen kein Teil der kleinstmögliche (kein Teil einfach) ist, heißt die Kontinuität derselben. Raum und Zeit sind quanta continua, weil kein Teil derselben gegeben werden kann, ohne ihn zwischen Grenzen (Punkten und Augenblicken) einzuschließen, *mithin nur so, daß dieser Teil selbst wiederum ein Raum, oder eine Zeit ist. Der Raum besteht also nur aus Räumen, die Zeit aus Zeiten. Punkte und Augenblicke sind nur Grenzen, d.i. bloße Stellen ihrer Einschränkung*; Stellen aber setzen jederzeit jene Anschauungen, die sie beschränken oder bestimmen sollen, voraus, und *aus bloßen Stellen, als aus Bestandteilen, die / noch vor dem Raume oder der Zeit gegeben werden könnten, kann weder Raum noch Zeit zusammengesetzt werden*." (Hervorhebungen v. mir.)

Auch diese Passage sagt ganz eindeutig: Zeitliches, insbesondere Räumlich-Zeitliches, kann nicht aus Unzeitlichem zusammengesetzt sein oder werden! Eben dies aber heißt nichts anderes, als daß, was räumlich-zeitlich ist oder als solches theoretisch in einer nach den *Postulaten* (B 260 ff. u. hier Kap. VI) zulässigen Weise angenommen werden soll, *einen Teil von Raum und Zeit einnehmen*, also Zeit verbrauchen muß.

Alle empirischen Objekte „können nicht anders apprehendiert, d.i. ins empirische Bewußtsein aufgenommen werden, als durch die Synthesis des Mannigfaltigen, wodurch (sie als) Vorstellungen eines *bestimmten Raumes* oder *(einer bestimmten) Zeit* erzeugt werden, d.i. durch die Zusammensetzung des Gleichartigen ... Nun ist das Bewußtsein des mannigfaltigen Gleichartigen ... sofern dadurch ... ein Objekt zuerst möglich wird, der Begriff einer Größe (quanti) ... d.i. *die Erscheinungen sind insgesammt* Größen und zwar *extensive Größen*, weil sie als Anschauungen im Raume oder der Zeit durch *dieselbe* Synthesis vorgestellt werden müssen, als wodurch Raum und Zeit überhaupt *bestimmt* werden. ... Ich kann mir keine Linie (z.B. die Verbindungslinie zwischen zwei materiellen Körpern als Linie der Richtung ihres gegenseitigen *influxus physicus!*), so klein sie auch sei, vorstellen, ohne sie in Gedanken zu ziehen ... Ebenso ist es auch mit *jeder*, auch der kleinsten (bestimmten) Zeit bewandt." (B 202−203; Hervorhebungen − außer der vierten − und Zus. i. d. Klammern v. mir.).

Es sei zum Abschluß dieser Zitate, die unsere These belegen, noch einmal darauf hingewiesen: In diesem Punkt besteht auch kein Widerspruch zwischen der transzendentalen Ästhetik und Analytik! In jener ist nämlich von ‚Raum' und ‚Zeit' als ‚Formen der Anschauung' = *Regeln* des Anschauens und also der anschauenden Synthesis des Angeschauten die Rede. In der Analytik dagegen wird von ‚Räumen' und ‚Zeiten' als sog. ‚Formalen Anschauungen' (B 160/161) oder ‚bestimmten Räumen und Zeiten' = räumlich-zeitlichen Objekten (B 137/138), also Dingen, Vorgängen etc. gesprochen. Das wurde schon in Kapitel II gezeigt. Dort konnten wir auch bereits auf die entsprechende, sehr detaillierte und eingehende Analyse von G. Buchdahl (1969, s. Index: space as form of intuition = indeterminate space and space, as formal intuition = determinate space) zusätzlich verweisen. Umgekehrt ergibt sich bei Einsetzung von B_1 oder C in Schema und Grundsatz der Wechselwirkung ein Widerspruch zu den anderen Teilen der Analytik − und zwar nicht nur zu den schon angezogenen Teilen. Denn *so wenig* die Varianten B_1 und C der ‚Wechselwirkung' mit der endlichen kontinuierlichen extensionalen Zeitlichkeit alles Erfahrbaren vereinbar sind, *so sehr*, und zwanglos passend, sind es das Schema und der Grundsatz der Kausalität. Kants falsche Beschreibung und Analyse des Falles der scheinbaren Gleichzeitigkeit von Wärme (= Wirkung) und geheiztem Ofen (= Ursache) bzw. ‚Kugel auf einem Kissen' (= Ursache) und ‚Grübchen in dem Kissen' (= Wirkung), ‚Glas' (= Ursache) und ‚konkave Wasseroberfläche' (= Wirkung) in B 247−249 sollte hier nicht verwirren: Nicht der geheizte Ofen ist Teil-Ursache der mit dem Ofen für einige Dauer gleichzeitigen Wärme im Zimmer, sondern die Wärmeabgabe des Ofens ist die wirkliche Teil-Ursache. Und diese ist *mit dem je von ihr bewirkten*, endlich schnell im Zimmer sich ausbreitenden Ansteigen der Wärme in der Umgebung des Ofens in keinem bestimmten zeitlichen Moment gleichzeitig. Nicht die Kugel ist Ursache des Zustandes des Kissens, sondern das Auflegen der Kugel auf dasselbe, etc. (Übrigens kann natürlich, entgegen Kants Meinung, das Kausalverhältnis in diesem Falle sehr wohl auch umgekehrt sein: Hat ein Kissen schon eine Vertiefung, so wird eine darauf fallende oder aufgelegte Murmel in die Vertiefung rollen. Somit kann zwar natürlich die Vertiefung nicht Ursache für die Existenz einer Kugel sein, wohl aber Ursache für die Lage derselben, also – in Kants Sprache – für deren Dasein an dem bestimmten Ort.)

Kurz: Es muß nach der – unabhängig von der hier vorgelegten Rekonstruktion der Theorie Kants sowieso erforderlichen – Berichtigung von B 247–249 bei dem bleiben, was Kant an anderer Stelle und in anderem Zusammenhang der *Kritik* richtig zusammenfassend schreibt:

„Das Naturgesetz, ..., *daß die Kausalität einer Ursache, d.i. die Handlung* (lies: actio), *da sie in der Zeit vorhergeht und* in Betracht einer Wirkung, *die da entstanden* (ist), *selbst nicht immer gewesen sein kann, sondern geschehen sein muß, auch ihre Ursache unter den Erscheinungen habe, dadurch sie bestimmt wird,* ...... ist ein Verstandesgesetz, *von welchem es unter keinem Vorwand erlaubt ist abzusehen*, oder irgendeine *Erscheinung davon auszunehmen*; weil man sie sonst außerhalb aller möglichen Erfahrung setzen, dadurch aber von allen Gegenständen möglicher Erfahrung unterscheiden und sie zum bloßen Gedankending und einem Hirngespinst machen würde." (B 570/71; Hervorhebungen und erläuternde Zusätze in Klammern v. mir.)

Dies alles zeigt: Jeder Begriff irgendeiner Art von zeitloser = keine Zeit benötigender Wechselwirkung, wie er in B_1 und C bei Kant vorliegt, ist in Kants eigener Theorie absolut unzulässig, weil *unter Wahrung der logischen Konsistenz miz den zentralsten Sätzen der Theorie unmöglich!*

2.3 Zu B_2 und D (s.o. S. 115): Im Unterschied zu den Begriffsvarianten B_1 und C sind B_2 und D als Begriffe einer mit endlicher Geschwindigkeit sich fortpflanzenden, also „Zeit einnehmenden" oder verbrauchenden wechselseitigen kausalen Einwirkung mit dem System der Theorie in der *Kritik* konsistent vereinbar. In D ist sozusagen eine Verallgemeinerung und transzendentale Hypostasierung der in B_2 gekennzeichneten Variante physischer Wechselwirkung vorgenommen. Schreiben wir A, B für relative Substrate (Dinge, Vorgänge),

$a_1, a_2, \ldots$ und $b_1, b_2 \ldots$ für deren Bestimmungen (Zustände)
r für die Raumdimensionen
t für die Zeitdimension des Nacheinander
→ für ‚wirkt auf',
so war die Modellvorstellung für B_1 und C

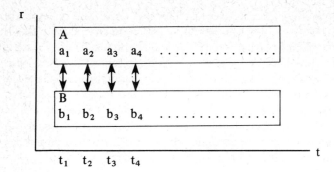

Für B_2 und D ist sie dagegen mit

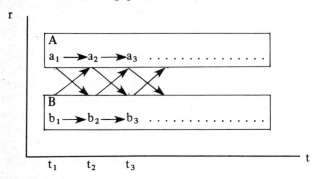

schematisch darstellbar.

Nach diesem Modell muß nun zunächst das Schema der Wechselwirkung anders gelesen bzw. interpretiert werden. Wir schreiben es zunächst nochmals hin: „Das Schema der Gemeinschaft (Wechselwirkung), oder der *wechselseitigen Kausalität* der Substanzen in Ansehung ihrer Accidenzen, | ist das Zugleichsein der Bestimmungen der Einen mit denen der Anderen nach einer allgemeinen Regel." (B 183, Kursivschreibung und Trennstrich zwischen erster und zweiter Hälfte v. mir.)

In der zweiten Hälfte des Satzes kann dieser zunächst mit D, also mit Kants eigener anderer Formulierung in B 257 korrigiert werden, indem die Wörter „ist das Zugleichsein der Bestimmungen der Einen mit denen der Anderen" ersetzt werden durch: „ist die wechselseitige Folge der Bestimmungen der Einen nach denen der Anderen ... " Sodann kann die am Schluß nur erwähnte ‚allgemeine Regel' angegeben werden: Da das Schema in der ersten Hälfte als das der „wechselseitigen Kausalität" gekennzeichnet ist, kann es in der zweiten Hälfte statt der Worte „nach einer allgemeinen Regel", genauer etwa heißen: „nach der allgemeinen Regel, daß auf die betreffenden Bestimmungen der einen, wenn sie nach Belieben gesetzt oder variiert werden, jederzeit die betreffenden Bestimmungen (oder Variationen derselben) an der anderen folgen *und* ebenso umgekehrt, auf die Bestimmungen der anderen, wenn sie nach Belieben gesetzt oder variiert werden, jederzeit die Bestimmungen (bzw. deren Variationen) an der einen folgen."

So ist, mit Hilfe der doppelten Übernahme des Schemas der Kausalität wenigstens die Operationalisierung der Kategorie der Wechselwirkung im Prinzip angegeben, die jedes Schema angeben muß, wie schon in Kapitel IV gezeigt wurde. Überdies ist solcherart gerade so, wie es der allgemeinen Architektonik Kants in den Untergruppen der Urteils- und Kategorientafeln und Schemata entspricht, das Schema der Wechselwirkung eine Vereinigung des Schemas von ‚Substanz−Akzidens' mit dem Schema von ‚Ursache−Wirkung'.

2.4 Sehen wir also nun einmal versuchsweise zu, ob und wie man mit dieser Rekonstruktion weiterkommt: ob mit ihr das Schema leisten kann, was es leisten soll. In den Kapiteln über die Grundsätze geht es, wie wir in Kapitel III, 4.3 sahen, im Rahmen des Versuches zu speziellen Deduktionen für die Kategorien der Relation, um das Wie der Möglichkeit der Differenzierung und bewußten, methodischen Unterscheidung der „objektiven Zeitverhältnisse" = der Zeitverhältnisse der Objekte (Dinge, Vorgänge, Ereignisse etc.) von den „subjektiven Zeitverhältnissen" = Zeitverhältnissen im Wahrnehmen oder Vorstellen des Subjekts.

Bei einem erneuten Blick auf die graphische Darstellung des Modells für B_2 und D (s.o. S. 122) ist leicht zu sehen, daß hier nicht die wechselseitig wirkenden Zustände bzw. Zustandsänderungen oder Phasen (a_1 b_1 etc.) mit den jeweils von ihnen bewirkten (a_2 b_2 etc.) gleichzeitig sind, sondern nur die relativen und relativ dauernden Substrate (Dinge und Prozesse oder Vorgänge) derselben. Diese müssen sich in ihrem Dauern über eine Folge von je mindestens zwei zeitlich minimal in ihrem Nacheinander unterscheidbare Phasen (z.B. a_1 a_2) erstrecken. Die Phasen müssen mit unter dem Schema der Kausalität zu entwickelnden operationalen Testverfahren als mögliche Ursachen (Teilursachen) bzw. Wirkungen identifizierbar sein. Die betroffenen Substrate müssen sich überdies über mindestens je zwei ihrer Phasen „begleiten" (Kants Terminus, s. z.B. B 226 = A 183), also sich mit ihnen zeitlich überlappen. Dieses Minimum gilt freilich nur für räumlich *unmittelbar benachbarte* Substrate! Mit zunehmender räumlicher Entfernung wird entsprechend der Zeit, die die wechselseitige Einwirkung benötigt, um von dem einen Substrat zu dem anderen zu gelangen, die für eine sinnvolle Rede von ‚Begleitung' oder ‚gleichzeitigem Dauern' oder ‚Koexistenz' erforderliche Dauer der zeitlichen Überlappung der in Frage stehenden Substrate immer länger. Damit wird sichtbar: Nach einer Erkenntnistheorie wie der der *Kritik* kann die Bestimmung der Gleichzeitigkeit in den Objekten nur am Ort des Subjekts selbst und in seiner unmittelbaren räumlichen Nachbarschaft das nach der Sinnesausstattung des Subjekts einerseits und der Geschwindigkeit der ihm bekannten Wirkungsvorgänge andererseits mögliche Maximum an Schärfe oder Punktförmigkeit haben. Die ‚Gleichzeitigkeit zweier Ereignisse' ist also in einer solchen Theorie *prinzipiell relativ* auf (mindestens)

a) die räumliche Entfernung der Ereignisse voneinander und von dem Beobachter
b) die Geschwindigkeit der Wirkungsübertragung von der in Frage stehenden (Teil-) Ursache auf die in Frage stehende (Teil-) Wirkung
c) die relevante Sinnesausstattung des Beobachters
d) die relevante instrumentelle Ausstattung des Beobachters

Alle diese Relativitäten, auch c und d, sind übrigens ‚*objektive* Relativitäten', wie man sie seit C.S. Peirce, Dewey, Whitehead und G.H. Mead bezeichnen muß. Siehe dazu E.E. Murphy (1927).

2.5 Spätestens an dieser Stelle wird einem jeden allerdings der Gedanke kommen, daß, wenn dies alles bekannt ist, man zur Berechnung einer Gleichzeitigkeit außer der unproblematischen wahrgenommenen Gleichzeitigkeit am Ort des Beobachters nur des Schemas und Grundsatzes der Kausalität bedarf. Es ist dann theoretisch und praktisch möglich, die Koexistenz z.B. zweier Sterne festzustellen, die nach entgegengesetzten Himmelsrichtungen gerade so weit von mir entfernt sind, daß ihr Licht – sagen wir nach einer Milliarde von Jahren – den Beobachter eben erreicht hat. Dann hat es jedenfalls von beiden aus mit Sicherheit noch nicht den jeweils anderen erreicht. „Keiner wirkt also auf den anderen und empfängt von diesem wechselseitig Einfluß", und doch kann man sagen, „daß das (allerdings relative!) Zugleichsein der beiden ein Gegenstand der möglichen Wahrnehmung sein kann, und daß das Dasein der einen durch *einen* Weg der empirischen Synthesis (Berechnung bzw. Messung der Entfernung und Lichtgeschwindigkeit) auf das (gleichzeitige) Dasein der anderen führen konnte." (B 258/259 unter Ersetzung von ‚kein' und ‚keinen' an den von mir kursiv gesetzten Stellen und Zusatz der Wörter in den Klammern.) Es gibt in diesem Fall keine Wechselwirkung zwischen den beiden Sternen (falls sie überhaupt jetzt, zum Zeitpunkt ihrer gleichzeitigen Wahrnehmung, noch existieren) und ebensowenig eine Wechselwirkung zwischen den Sternen und dem Beobachter. Ein Prinzip der Wechselwirkung wird also für die Feststellung der (relativen) Gleichzeitigkeit von Ereignissen oder Dingen an verschiedenen Orten nicht benötigt. Ironischerweise ist der angenommene Fall aber gerade einer von der einzigen Art von Fällen, in denen Kants erster Satz seines ‚Beweises' für den Grundsatz der dritten Analogie stimmt: „Zugleich sind Dinge, wenn in der empirischen Anschauung die Wahrnehmung des einen auf die Wahrnehmung des anderen wechselseitig folgen kann" (B 256/7). Dieser Satz ist nämlich wahr, wenn zusätzlich unmittelbar wahrnehmungsmäßig oder mittelbar in empirisch wissenschaftlichen Verfahren zwei gleichzeitig oder in wechselnder Folge beobachtete Dinge oder Vorgänge auch noch als vom Beobachter *gleichweit entfernt* geortet werden können. (Empirisch wissenschaftlich gesehen muß natürlich eventuell noch eine ganze Menge weiterer Bedingungen erfüllt sein — aber das gehört nicht in die Transzendentalphilosophie.) Nur dann kann man in Übereinstimmung mit Kants Theorie die Gleichzeitigkeit der Beobachtung, also die Gleichzeitigkeit an einem Ort als Kriterium der relativen Gleichzeitigkeit der beobachteten Gegenstände/Ereignisse an ihren verschiedenen Orten benützen.

Hier macht sich bei Kant der schon in Kapitel III, 4.3.3 — 4.3.5 festgestellte und als historisch zufällig erwiesene Mangel sehr nachteilig bemerkbar. Kant sieht nur, daß wir zwischen ‚subjektiver' und ‚objektiver' Folge, also zwischen der Folge im Wahrnehmen und der Folge in den Dingen unterscheiden, während wir doch tatsächlich zwischen

(a) Folge und Zugleichsein im Wahrnehmen

(b) Folge und Zugleichsein des Wahrgenommenen als bloß solchen, also in seinem Erscheinen. (Das in wechselnder Folge Wahrgenommene erscheint als zugleich Wahrgenommenes oder Wahrnehmbares.)

(c) Folge und Zugleichsein in den Dingen (den physischen! *nicht* den Dingen, an sich genommen), die da vielleicht als zugleich existierend erscheinen, aber — wegen der verschiedenen Entfernungen vom Beobachter nach erfahrungswissenschaftlichen Erkenntnissen, die selbst den Kategorien gemäß sind, *empirisch* nicht als koexistierend, sondern als nacheinander existierend zu begreifen sind.

Um es in der Sprache von Kant selbst in B 69 zu sagen: Der „*Gegenstand als Erscheinung* (muß *nicht nur*) von ihm selber als Objekt *an sich* unterschieden werden." Vielmehr muß der „*Gegenstand als Erscheinung* von ihm selber (als *physischem* Objekt — s. B 63 — und *beide* müssen) von ihm selber als Objekt *an sich* unterschieden werden." (Hervorhebungen im Text v. Kant; Zusätze i. d. Klammern v. mir.)

Kant hatte auch *immanent* und systematisch wie historisch unrecht, als er in B 260 = A 213 schrieb: „daß das Licht, welches zwischen unserem Auge und den Weltkörpern spielt, eine mittelbare Gemeinschaft zwischen uns und diesen bewirken und dadurch das Zugleichsein der letzteren beweisen kann". (Wie Kant so etwas behaupten konnte, ist auch historisch schwer verständlich, weil bis zu der Zeit, da dies geschrieben wurde, bereits eine Bestimmung der Lichtgeschwindigkeit als einer endlich großen Geschwindigkeit von O. Römer (1675) vorlag, was Kant sicher nicht unbekannt gewesen sein wird.) Mit ‚Gemeinschaft' meint Kant hier ‚dynamische Gemeinschaft' (ibid.) und mit dieser ‚wechselseitigen Einfluß' (ibid.), also Wechselwirkung. Ein fern vom Beobachter befindlicher Stern (in seinem Ort und Zustand) und der Beobachter können jedoch wegen der notwendigen Zeitlichkeit, also wegen des Zeitverbrauchs *aller möglichen* für uns empirisch realen Vorgänge, zu denen auch das Licht gehört, nach Kants eigener Theorie *nicht* in Wechselwirkung stehen, sondern nur im Verhältnis eines *ein*seitigen Einflusses, nämlich des Vergangenen (Stern in seinem jetzt-hier wahrgenommenen damalig-dortigen Ort und Zustand) auf das Gegenwärtige (Beobachter hier-jetzt). Auch das Zugleichsein der Weltkörper kann dadurch, daß sie zugleich oder in wechselnder Folge beobachtet werden können, nicht bewiesen sein, denn offenbar kann das junge Licht eines nahen Sterns zusammen oder in wechselnder Folge mit dem alten Licht eines fernen (möglicherweise schon gar nicht mehr existierenden) Sterns beobachtet werden.

Es bleibt damit zum Abschluß dieser Diskussion von D nur zu bemerken, daß aus ihr zumindest sehr fragwürdig wird, ob es überhaupt nötig ist, in Kants System eine besondere Kategorie mit Schema und Grundsatz der ‚Wechselwirkung' zu haben — für den angegebenen Zweck sowohl, wie überhaupt. (Siehe dazu auch unten 2.6!).

2.6 Zu E (s. S. 115): E vereinigt B_1 und B_2 zu einer Konstitutionstheorie der Materie. Da theoretische Entitäten von der zeitlosen Art von B_1, wie wir schon bei dessen Behandlung sahen (s.o. 2.2), mit Kants kritischer Theorie nicht vereinbar sind, müßte zunächst die Annahme der zeitlosen Wirkung der Anziehungskraft fallen gelassen werden. Sie müßte also als eine sich mit endlicher Geschwindigkeit ausbreitende Kraft rekonstruiert werden.

Dann bleiben aber immer noch, auch gegen E, die Einwände, die schon gegen B sowie gegen B_1 und B_2 geltend gemacht werden mußten (s.o. 2.1—2). Diese spekulativen, schon quasi feldtheoretischen Grundannahmen zu einer Physik gehören nicht in eine allgemeine Erkenntnis-

und Wissenschaftstheorie. Sie waren also in den vorkritischen Schriften Kants — wo sie, wie Buchdahl (1969) sehr detailliert und gut argumentiert zeigt, ihren Ursprung haben — erlaubt und angebracht und vielleicht auch in den *MA*, nicht aber, auch nicht implizit, in der *Kritik*.

2.7 Zu F (s.o. S. 116): Dieser Begriff spielt in Kants Texten, wie uns schien und scheint, eine ausgedehnte, wichtige, aber überall implizit gebliebene Rolle. So sehr, so tief und so breit, daß man gegen seine Unterstellung einwenden könnte, er gehöre eigentlich zur Kennzeichnung dessen, was Kant die ‚transzendentale synthetische Einheit der Apperzeption' nennt. Man könnte sogar meinen, dies mache sich einen Moment lang in dem Absatz B 261–262 = A 214–215 an der Oberfläche des Textes bemerkbar, wenn Kant schreibt·

„In unserem Gemüthe müssen alle Erscheinungen, als in einer möglichen Erfahrung enthalten, in Gemeinschaft (communio) der Apperzeption stehen, und so fern die Gegenstände als zugleichexistierend verknüpft vorgestellt werden sollen, so müssen sie ihre Stelle in einer Zeit wechselseitig bestimmen, und dadurch ein Ganzes ausmachen. Soll diese subjektive Gemeinschaft auf einem objektiven Grunde beruhen, oder auf Erscheinungen als Substanzen bezogen werden, so muß die Wahrnehmung der einen, als Grund, die Wahrnehmung der andern, und so umgekehrt, möglich machen, damit die Sukzession, die jederzeit in den Wahrnehmungen, als Apprehensionen ist, nicht den Objekten beigelegt werde, sondern diese als zugleichexistierend vorgestellt werden können. Dieses ist aber ein wechselseitiger Einfluß, d. i. eine reale Gemeinschaft (commercium) der Substanzen, ohne welche also das empirische Verhältnis des Zugleichseins nicht in der Erfahrung stattfinden könnte. Durch dieses Commercium machen die Erscheinungen, so fern sie außer einander, und doch in Verknüpfung stehen, ein Zusammengesetztes aus (compositum reale), und dergleichen Composita werden auf mancherlei Art möglich. Die drei dynamischen Verhältnisse, daraus alle übrige entspringen, sind daher das der Inhärenz, der Konsequenz und der Komposition." (Man beachte ergänzend und erläuternd hierzu auch die Fn. B 201!)

Ist unsere eben ausgesprochene Vermutung, F sei eigentlich eine Gesamtkennzeichnung der Einheit der Apperzeption (sozusagen nur ein anderer Name für sie), richtig, dann ist F nicht in die, verglichen damit auch transzendental noch ‚partikulare' Stelle und Rolle der Kategorie, des Schemas und des Grundsatzes der dritten Analogie einsetzbar. Also nicht deshalb, weil F etwa falsch oder mit dem System der Theorie Kants unvereinbar wäre, sondern weil es in dem System zu fundamental ist, kommt es nicht als Begriff der Wechselwirkung in der dritten Analogie in Frage.

Hält man dies für richtig, so ist es ein weiterer Grund, der uns der Notwendigkeit überhebt, in einem System der Bedingungen der Möglichkeit von Erfahrung und Erfahrungswissenschaften, wie es in der *Kritik* aufgestellt wird, eine besondere Kategorie der ‚Wechselwirkung' anzunehmen.

2.8 Wir hoffen, damit alle wichtigen, zutage liegenden oder mehr ‚unterirdischen' Begriffe von Wechselwirkung, die in der *Kritik* eine Rolle spielen, diskutiert zu haben. Worauf uns hier besonders ankam, war (erstens) die Unannehmbarkeit des Begriffs einer zeitlos, also mit unendlicher Geschwindigkeit im Räumlichen wirkenden Kraft im System der kritischen Erkenntnis- und Wissenschaftstheorie und (zweitens) die Relativität der Gleichzeitigkeit von Ereignissen, Vorgängen und Dingen, die nicht am selben Ort oder in unmittelbarer räumlicher Nachbarschaft zueinander stattfinden. Eine Relativität, die sich rein aus dem *transzendentalen Operationalismus* der *Kritik* ergibt. (Mit dem kursiv gedruckten Terminus möchte ich auf das vielleicht wichtigste, jedenfalls in dieser ganzen Rekonstruktion entscheidende und, wie mir scheint, noch heute und in der Zukunft interessanteste Charakteristikum der kritischen Theorie hinweisen.) Mit dieser Relativität, die durch die *immanent* notwendige Korrektur des Schemas und des Grundsatzes der ‚Wechselwirkung' im Sinne der hier in 2.1 – 2.4 vorgeschlagenen Rekonstruktion nur deutlich zum Vorschein gebracht wird, zeigt sich einmal mehr folgendes:

Was immer auch die *Absichten* Kants gewesen sein mögen, seine Erkenntnis- und Wissenschaftstheorie in der *Kritik* ist *nicht* eine Grundlegung oder Rechtfertigung der Newtonschen Mechanik. Sie ist vielmehr – was *für* sie spricht! – nur eine Grundlegung oder Rechtfertigung einer empirischen Wissenschaft *von der Art* der Newtonschen. Genauer noch sollte man sogar sagen: *von der zugehörigen Gattung*, von der die Art der Newtonschen nur eine von sehr *verschiedenen* möglichen Unterarten ist. Denn man sieht nun, daß auch die konventionellen, empirisch zweckmäßigen Grundannahmen (Festsetzungen) und die Ergebnisse der heutigen Physik mit der kritisch-transzendentalphilosophischen Erkenntnis- und Wissenschaftstheorie verträglich sind. Natürlich sind sie weder aus dieser ableitbar, noch ist diese Theorie aus ihnen ableitbar. Das ist nur genauso wie es sein soll. Denn eine Erkenntnis- und Wissenschaftstheorie muß metasprachlich reden und *nicht*, wie eine Physik, objektsprachlich. Ihre Aussagen liegen also nie auf der gleichen Reflexionsebene wie die der Wissenschaften.

Wenn die Grundannahmen einer Wissenschaft eben ‚empirisch zweckmäßige konventionelle Festsetzungen' genannt wurden, so sollte damit auf folgendes angespielt werden:

(a) Solche Festsetzungen, wie sie am Anfang z.B. einer jeden Metrisierung, insbesondere auch einer Zeitmetrisierung benötigt werden, wozu man hier am besten W. Stegmüller (1970) Kap. I und II konsultiert, sind *nicht* willkürlich, sondern mit Zweckmäßigkeitserwägungen zu rechtfertigen, zu überprüfen und eventuell zu korrigieren.

(b) Die Zweckmäßigkeit aber ist niemals eine absolute, sondern natürlich Zweckmäßigkeit *für uns*, in *dieser Welt* und mit Bezug auf *die Zwecke*, die wir mit dem Aufbau einer Wissenschaft verfolgen.

(c) Es ist also eine hypothetische, versuchsweise angenommene Zweckmäßigkeit. Und es gibt stets mögliche Erfahrungen, sagen wir ‚Erfahrungen zweiter Ordnung', nämlich *die* Erfahrungen, die eine Wissenschaft in der Forschung mit sich selbst macht (im Unterschied zu den Erfahrungen, die sie mit ihren Gegenständen macht und die man Erfahrungen erster Ordnung nennen kann), an denen sich etwas für die betreffende Wissenschaft als zweckmäßig Angenommenes als mehr oder weniger unzweckmäßig erweisen kann.

VI. KAPITEL

Die Unterscheidung logischer, mathematischer und empirisch hypothetischer Modalitäten, die Postulate und das Problem der Annahme theoretischer Entitäten und Gesetze im empirischen Denken

1.1 Die Postulate handeln nicht nur von den logischen und anderen ‚apriorischen' Modalitäten, sondern auch von der ‚aposteriorischen oder empirischen, realen Möglichkeit, Wirklichkeit und Notwendigkeit'. 1.2 Zwischen der logischen Möglichkeit einerseits und der empirisch realen andererseits unterscheidet die KrV von beiden noch die mathematisch konstruktive Möglichkeit. 2.1 Kant war sich in der *Kritik*, aber auch schon in früheren Arbeiten der logischen, widerspruchsfreien Möglichkeit anderer geometrischer Verhältnisse als derjenigen der Konfigurationen in unserer Anschauung durchaus bewußt. 2.2 Die Regeln der anschaulich ostensiv konstruierenden Geometrie sind für uns nur als Bedingungen der Möglichkeit auch des anschaulichen Erfahrens privilegiert. Eine andere Geometrie ist nach Kant – wenn auch nur im Ausgang von der anschaulichen – sehr wohl denkbar (De mundi) und sogar ‚symbolisch (lies: algebraisch) konstruierbar' (KrV). 3. Die Postulate gehören nicht zu den ‚Grundsätzen' (i.S.d. tr. Analytik). Sie sind meta-theoretische Sätze darüber, welche Geltungsansprüche für objekttheoretische Aussagen mit Bezug auf theoretisch angenommene Entitäten und Gesetze gestellt werden dürfen. 4.1 Eine entsprechende Rekonstruktion der drei Postulate mit Hilfe Kants eigener ‚Erläuterungen' zu denselben. 4.2 Hinweis auf eine wichtige einschränkend qualifizierende Konsequenz des dritten Postulats für Kants Antwort auf das Humesche Problem. 5.1 Begründung der Notwendigkeit einer entsprechenden Rekonstruktion auch der Schemata der Modalität. 5.1 Rekonstruktion der Schemata als Hyperschemata. 6. Über die Identität dieser Hyperschemata mit den rekonstruierten ‚Postulaten', über die Zweckmäßigkeit der rationalen Rekonstruktion beider und über den nicht-kategorialen Status der angeblichen ‚Kategorien' der Modalität in Kants Theorie.

1.1 Die „Postulate", so wie sie in der *Kritik* formuliert und erläutert werden, müssen in mehreren Hinsichten als problematisch und einer rationalen Rekonstruktion bedürftig erscheinen. Die erste Frage ist schon, um was für Modalitäten es bei der „Möglichkeit, Wirklichkeit und Notwendigkeit", von denen da die Rede ist, eigentlich geht. Klar, weil eindeutig ausgesprochen, scheint zunächst nur, daß es sich *nicht* um *logische*

Modalitäten handelt. „Daß in einem synthetischen Begriffe kein Widerspruch enthalten sein müsse, ist zwar eine notwendige *logische* Bedingung; *aber zur objektiven Realität* des Begriffs, *d.i. der Möglichkeit* eines solchen Gegenstandes, als durch den Begriff gedacht wird, bei weitem nicht genug." (B 267/268 = A 220; Hervorhebungen v. mir).

Diese Stelle, wie übrigens auch der Wortlaut des ersten Postulates, legt nahe, daß es also um die apriorische Möglichkeit der Erfahrung und der Gegenstände derselben geht, deren Bedingungen die Transzendentalphilosophie behandelt. Daß dies aber doch nicht ohne weiteres und uneingeschränkt der Fall ist, zeigt sich bereits zwei Seiten weiter: „... neue Begriffe von Substanzen, von Kräften, von Wechselwirkungen ... können den Charakter ihrer Möglichkeit *nicht so, wie die Kategorie a priori* als Bedingungen, von denen alle Erfahrung abhängt, sondern *nur a posteriori* als solche, die durch Erfahrung selbst gegeben werden, bekommen, und *ihre Möglichkeit muß ... a posteriori und empirisch* erkannt werden." (B 269/70 = A 222; Hervorhebungen v. mir).

Daß Kant von der logischen und somit apriorischen Möglichkeit nicht nur eine andere apriorische (sagen wir der Einfachheit halber: die ‚transzendentale Möglichkeit'), sondern auch eine empirische unterscheidet, wird auch in der Fußnote B XXVI ganz eindeutig ausgesprochen: „... denken kann ich, was ich will, wenn ich mir nur nicht selbst widerspreche, d.i. wenn mein Begriff nur ein *möglicher Gedanke* ist", dagegen „einen Gegenstand *erkennen,* dazu wird erfordert, daß ich seine *Möglichkeit* (es sei nach dem Zeugnis der Erfahrung aus seiner Wirklichkeit, oder a priori durch Vernunft) beweisen könne". Nur dann kann ich seinem „Begriffe ... objektive Gültigkeit (*reale Möglichkeit,* denn die erstere war bloß die *logische*) beilegen". (Hervorhebungen v. mir)

Wir können also zunächst festhalten, daß die Postulate nicht von der bloß logischen, sondern von der ‚aposteriorischen oder empirischen, realen Möglichkeit, Wirklichkeit und Notwendigkeit' handeln.

Dem entspricht es dann auch, wenn später die empirische Notwendigkeit als ‚hypothetische Notwendigkeit' (A 228 = B 279) gekennzeichnet (und damit implizit von der logischen Notwendigkeit und der transzendentalen Notwendigkeit unterschieden wird, die in Kants Theorie als formal und apodiktisch bezeichnet werden müssen).

Kants Unterscheidung zwischen apriorisch logischen und aposteriorisch realen Modalitäten kann systematisch auch durch eine einfache Überlegung unterstützt werden, die sich in der *Kritik* nicht findet: Es ist offenbar zwar sinnvoll, davon zu sprechen, etwas sei logisch möglich und/oder es sei logisch notwendig. Dagegen ist es höchst zweifelhaft, ob eine Behauptung von der Art ‚Der Zusammenhang ... ist logisch wirklich' irgendeinen Sinn hätte. Für logische Zusammenhänge scheint es nur zwei Modalitäten zu geben. Für aposteriorische Aussagen über empirische Sachverhalte dagegen machen wir zwanglos und zweckmäßig von drei Modalitäten Gebrauch.

1.2 Mit dem Gesagten wäre vielleicht ausreichend klar, wovon Kant in den Postulaten spricht, wenn er nicht in deren Erläuterungen anscheinend zwischen der bloß logischen Möglichkeit (einerseits) und der aposteriorischen, empirisch realen Möglichkeit (andererseits) noch eine weitere: die *mathematische* (entweder anschaulich ostensiv oder symbolisch) *konstruktive Möglichkeit* unterschiede. Um dies vor Augen zu führen, genügt es, die zwei nachfolgend zitierten Stellen genau zu lesen. Zunächst in A 220/221 = B 267/268 sagt Kant: „Daß in einem ... Begriff kein Widerspruch enthalten sein müsse, ist zwar eine notwendige *logische* Bedingung; aber zur *objektiven Realität* des Begriffs, d.i. der Möglichkeit eines solchen Gegenstandes, als durch den Begriff gedacht wird, bei weitem nicht genug. So ist in dem Begriffe, einer Figur, die in zwei geraden Linien eingeschlossen ist, kein Widerspruch ... ; *die Unmöglichkeit beruht nicht* auf dem Begriff an sich selbst, *sondern der Konstruktion* desselben im Raume, d.i. den Bedingungen des Raumes und der Bestimmung desselben; ... " (Hervorhebungen v. mir.)

Hier wird also explizit der bloß logischen apriorischen Möglichkeit = inneren Widerspruchsfreiheit die ‚synthetisch apriorische' Möglichkeit der anschaulich räumlichen Konstruierbarkeit, als eine Möglichkeit, für deren Bestehen *mehr* Bedingungen als nur die der inneren Widerspruchsfreiheit erfüllt sein müssen, gegenübergestellt.

Ganz entsprechend scheint dann in A 223/224 = B 271, wenn auch mehr implizit, von der apriorischen Möglichkeit im Sinne der anschaulich räumlichen (direkten oder symbolischen) Konstruierbarkeit der reinen Mathematik in sozusagen entgegengesetzter Richtung die aposteriorische Möglichkeit der empirischen räumlichen Konstitution realer Erfahrungsgegenstände unterschieden zu werden:

„... in der Tat können wir (dem Begriff eines Triangels) gänzlich a priori einen Gegenstand geben, d.i. ihn *konstruieren*. Weil dieses aber nur die Form von einem Gegenstand ist, so würde er doch immer nur ein Produkt der Einbildung bleiben, von dessen Gegenstand die *(empirisch reale) Möglichkeit* noch zweifelhaft bliebe, als *wozu noch etwas mehr erfordert wird*, nämlich daß eine solche Figur *unter lauter Bedingungen , auf denen alle Gegenstände der Erfahrung beruhen*, gedacht sei. Daß nun der Raum (auch) eine formale Bedingung a priori von äußeren Erfahrungen ist, daß eben dieselbe bildende Synthesis, wodurch wir in der Einbildungskraft einen (mathematischen) Triangel konstruieren, mit derjenigen gänzlich einerlei sei, welche wir in der Apprehension einer (empirischen) Erscheinung ausüben, um uns davon einen Erfahrungsbegriff zu machen: das ist es allein, was mit diesem Begriffe die Vorstellung von der *(empirisch realen) Möglichkeit* eines solchen Dinges verknüpft." (Hervorhebungen u. Erl. i. d. Klammern v. mir. Vgl. a. B 147!)

Das rein mathematisch (idealiter, nicht realiter) Konstruierbare, z.B. geometrische Figuren, die als reine Konstruktionen nach Kant *allein* durch die Regeln und Operationen ihrer Konstruktion (und sonst nichts) als *exakte* Figuren bzw. deren Begriffe definiert sind, muß also von den entsprechenden, *niemals exakten* empirisch räumlich *aus sinnlich gegebenem Material*, unter Anwendung der gleichen Regeln und Operationen auf dieses Material, konstruierten Erfahrungsgegenständen und -begriffen unterschieden werden.

Wenn das richtig ist, dann müßten sich aus dem Konzept in der *Kritik* die Bedingungen angeben lassen, die zu der logischen Bedingung der Widerspruchsfreiheit hinzutreten und zusätzlich erfüllt sein müssen, wenn es nicht mehr nur um die logische, sondern um die mathematisch konstruktive Möglichkeit geht. Dasselbe gilt für die weiteren Bedingungen, die beim Übergang von der mathematischen Möglichkeit zur empirisch realen Möglichkeit zusätzlich erfüllt sein müssen. In der Tat lassen sich diese Bedingungen leicht angeben. Sie sind in der folgenden Tabelle (s. S. 134) zusammengestellt und mit den Angaben ihrer Stellen im Text versehen.

Kants Unterscheidung zwischen logischen und mathematischen Modalitäten kann − wie mir scheint − systematisch auch durch den Hinweis darauf gestützt werden, daß es in einer operationalistisch-konstruktiven Theorie der Mathematik wie Kants, im Gegensatz zu den nur zwei sinnvoll in Anspruch zu nehmenden Modalitäten für logische Sachverhalte, durchaus zweckmäßig und jedenfalls mit präzisem Sinn versehen sein kann, für die Rede von mathematischen Konstruktionen drei Modalitäten zu nützen. Man könnte nämlich sinnvoll von einer mathematischen Konstruktion sagen, sie sei möglich, wenn man die ihre Durchführung ermöglichende Art der Operation/Operationen und das oder die Konstruktionsgesetz(e) bzw. -regel(n) angeben kann, während die tatsächliche Durchführung (z.B. weil sie unendlich viele Schritte = Anwendungen der angegebenen Operationen unter den angegebenen Regeln durchlaufen müßte) nicht vorgelegt werden kann. Sind dagegen nicht nur ausführbare Operationen und befolgbare Regeln des Konstruierens mit ihnen, sondern darüber hinaus auch eine dementsprechende Konstruktion schon vorgelegt, so könnte man von dieser sinnvoll sagen, sie sei mathematisch verwirklicht − also ‚wirklich'.

Möglichkeiten:	Bedingungen: (neuhinzukommende kursiv)
Logische	Identität + Widerspruchsfreiheit
Mathematische	Widerspruchsfreie, rein *anschauliche*, entweder *ostensive oder* wenigstens *symbolische Konstruierbarkeit* nach den Regeln von ‚Raum', ‚Zeit' und ‚*math. Kategorien*' (vgl. A 717 = B 745 + A 734 = B 762, B 110, A 160 = B 199, A 161/62 = B 201/2 mit Fn.)
Empirisch reale	*Sinnlich materiale* anschauliche *Konstituierbarkeit* nach den Regeln von ‚Raum', ‚Zeit', ‚mathematischen *und dynamischen Kategorien*' (vgl. a.a.O. u. A 213–215 = B 260–262, A 236/37 = B 296)

Von mathematischer Notwendigkeit einer Konstruktion könnte wie bisher relativ auf gewählte Prämissen sinnvoll die Rede sein.

2.1 Die oben, S. 132 zitierte Aussage Kants in A 220/221 = B 267/268 ist von großer Wichtigkeit in seiner Philosophie der Mathematik. Man muß sie zusammensehen mit der ebenfalls sehr wichtigen Passage in seiner Dissertation von 1770, *De mundi* ..., § 15 E, die schon oben, in Kapitel II, 4.4 dargestellt und gewürdigt worden ist. Zu beiden nehme man dann noch den zu seiner Zeit wohl revolutionären § 10 seiner „*Gedanken von der wahren Schätzung der lebendigen Kräfte*" von 1746. Dort schrieb Kant, er halte dafür,

„daß die Substanzen ... Kräfte von der Art haben, daß sie in Vereinigung mit ein ander nach der doppelten umgekehrten Verhältnis der Weiten ihre Wirkungen von sich ausbreiten ... drittens, daß dieses Gesetz willkürlich sei (in dem Sinne,) daß Gott dafür ein anderes, zum Exempel der umgekehrten dreifachen Verhältnis hätte wählen können; daß endlich viertens, aus einem anderen Gesetz *auch eine Ausdehnung von ande-*

ren Eigenschaften und Abmessungen geflossen wäre. *Eine Wissenschaft von allen diesen möglichen Raumes-Arten wäre* ohnfelbar *die höchste Geometrie,* die ein endlicher Verstand unternehmen könnte. Die Unmöglichkeit, die wir bei uns bemerken, einen Raum von mehr als drei Abmessungen uns vorzustellen, scheint mir daher zu rühren, weil unsere Seele ebenfalls nach dem Gesetz der umgekehrten doppelten Verhältnis der Weiten die Eindrücke von draußen empfängt." (Hervorhebungen u. Zus. i. d. Klammern v. mir.)

All diese Stellen, von der frühen bis zu denen in der *Kritik* zeigen, daß Kant sich der logischen, widerspruchsfreien Möglichkeit anderer geometrischer Verhältnisse als derjenigen der Konfigurationen in unserer Anschauung bereits durchaus bewußt war.

2.2 Es scheint auch unberechtigt, wenn Interpreten, wie etwa O. Becker (1964) behaupten, Kants Haltung in diesem Punkt habe sich in der *Kritik* gegenüber den früheren Arbeiten ‚gänzlich' verändert. Sie hat sich zwar in *anderen* Punkten — insbesondere im Übergang von einer objekttheoretischen (ontologischen) zu einer metatheoretischen (epistemologischen) Betrachtungsweise geändert, nicht jedoch in dem o. a. Punkt selbst. Die ersten beiden angezogenen Arbeiten redeten noch nicht *nur* von der Form des Anschauens und damit des Anschaubaren. Die *Kritik* dagegen redet positiv nur noch von der Form des Anschauens und damit des Anschaubaren. Sie läßt aber immer noch als *nicht* anschaubare, aber logisch mögliche a.a.O. explizit auch andere Geometrien zu. Und sie bereitet ihnen, wenn auch nur implizite, sogar einen Platz in der konstruktiven Mathematik. Denn es scheint offensichtlich, daß man solche Geometrien in dem nach Kants *Kritik* bloß symbolisch konstruktiven Teil der Mathematik ansiedeln müßte und könnte. Ist es wohl Zufall und nicht vielmehr gerade etwas, was Kant beeinflußt haben muß und dessen Einfluß sich in Kants Begriff der „symbolischen Konstruktion" in der *Kritik* (B 745, 762) ausdrückt, daß Kants Freund, J.H. Lambert, in seiner *Theorie der Parallellinien* von 1766, die zwar erst 1786 veröffentlicht wurde, aber Kant dem Inhalt nach aus persönlichen Mitteilungen gewiß schon früher bekannt war, gerade im Zusammenhang der Untersuchung der Möglichkeit oder Unmöglichkeit von Geometrien mit nichteuklidischen Grundannahmen die Verwendung „rein symbolischer Beweise" forderte? (s. O. Becker a.a.O. p. 175).

Hat nicht Kant überdies auch heute noch recht, wenn er den *anschaulich ostensiv konstruierbaren* geometrischen Verhältnissen und ihren ‚Axiomen' eine *pros hemas* privilegierte Stellung gibt, nämlich die von transzendentalen *conditiones sine quibus non* alles möglichen anschaulichen Erfahrens, die als „angeborene"[1] Regeln der Verarbeitung unseres sinnlichen Inputs fungieren? So daß „wer irgendwelche anderen Verhältnisse, als durch (dieselben) vorgeschrieben werden, ausdenken wollte", dies zwar tun könne, aber „gezwungen wäre", von jenen transzendentalen auszugehen und sie „als Hilfsmittel für seine Erdichtung zu gebrauchen" (vgl. *De mundi* ..., § 15 E). Die Geschichte der Gewinnung und Entwicklung der nichteuklidischen Geometrien als (sozusagen) Variationen auf das Thema der euklidischen zeigt, daß Kant damit im ‚Kontext der Entdeckung' recht behielt. Die Heranziehung partieller euklidischer Modelle für die nicht euklidischen Geometrien zu dem notwendigen, wenigstens relativen Widerspruchsfreiheitsbeweis für die letzteren zeigt, daß er auch im ‚Kontext der Rechtfertigung' mit der obigen Behauptung recht behalten hat.

3.0 Wenn ich mich nun den Postulaten des *empirischen* Denkens zuwende, möchte ich zunächst etwas über die Einfügung der ‚Postulate' unter die sog. ‚Grundsätze' sagen. In Kapitel III und IV wurde zu zeigen versucht:

(A) Kategorien sind in Kants Theorie REGELN des synthetischen (= ‚verknüpfenden oder trennenden') ‚figurativen' (B 151−56) ‚Verarbeitens' (A 1, B 1) von ‚rezeptiv gegebenen' (= nicht willkürlich von uns produzierten oder produzierbaren) sinnlichen Mannigfaltigkeiten zu bestimmten anschaulichen Konfigurationen (z.B. empirisch raum-zeitlichen Dingen und Vorgängen mit Eigenschaften und Relationen), die so allererst für uns konstituiert werden.

(B) *Schemata* aber sind ANWENDUNGSREGELN für Kategorien. Das heißt, sie sind Regeln, die gewissen gegebenen sinnlichen Mannigfaltigkeiten, nämlich solchen, die bestimmte, im Schema angegebene Kennzeichen (B 175) aufweisen, eine gewisse − im Schema angegebene − Kategorie zuordnen, nach der sie in den Synthesen des Einbildens im Anschauen zu verarbeiten sind.

---

[1] Nur die *Begriffe* von ‚Raum' und ‚Zeit' sind nach Kant erworben, nicht aber Raum und Zeit selbst qua Regeln oder Gesetze des Anschauens, die mit jenen Begriffen gemeint werden! Wörtlich sagt er von den Begriffen, sie seien „erworben: zwar nicht von der Sinneswahrnehmung ... aber von der Tätigkeit selber der Erkenntniskraft, die ihr Empfundenes nach bleibenden Gesetzen einander beiordnet ... und es ist hier nichts anderes angeboren als ein Gesetz des Gemüts, nach welchem es, was es von der Gegenwart des Gegenstandes her empfindet, auf bestimmte Art vereinigt. „*De mundi* ... § 15, Coroll., letzter Abs. Für die Bewertung dieser Auffassung Kants in Hinsicht auf die transzendentale Funktion der Anschauungsformen vgl. man die Bemerkung (b) auf S. 82, drittletzter Abs. v. Kap. III, 4.4.

(C) *Grundsätze* — so ergibt sich danach zwanglos und zum Text passend — sind dann allgemeine Sätze über das Ergebnis der Anwendung bestimmter kategorialer Verarbeitungsregeln auf gewisse ‚sinnliche Bedingungen' (B 175). Mit anderen Worten, es sind Sätze über allgemeine Charaktere des mit Hilfe der Kategorien gemäß den Schemata unter den formalen Bedingungen des Anschauens durch Verarbeitung von gegebenen sinnlichen Mannigfaltigkeiten Konstituierten (= des Wahrgenommenen = anschaulich Erfahrenen).

Man sieht sofort: Die Postulate sind keine derartigen „Grundsätze". Das sieht man nicht nur an den, wie wir gleich bemerken werden, schon immanent falschen Formulierungen der Postulate selbst. Man liest es auch deutlich ausgesprochen in den Erläuterungen A 219 = B 266 und A 233—235 = B 286—287 mit Fn.: Danach sind sie gerade keine Sätze über Charaktere von Objekten, sondern Sätze einer erkenntnistheoretischen *Meta*-Theorie darüber, wie Urteilsobjekte „sich zu Verstand, Urteilskraft und Vernunft *in ihrer Anwendung auf Erfahrung* verhalten". (A 219 = B 266) Etwas genauer muß man dafür wohl sagen: Sie sind metatheoretische Sätze darüber, welche Art von Geltungsanspruch für empirische, objekt*theoretische* Aussagen mit Bezug auf die darin angenommenen Objekte und Sachverhalte aufgestellt werden darf oder soll.

4.1 Hiernach, wie nach Kants eigener Erläuterung in A 233 = B 270 (letzter Satz) muß das erste Postulat mit nur geringfügiger Umformulierung folgendermaßen rekonstruiert werden:

1. Postulat:
Nur das, „dessen Möglichkeit aus der Wirklichkeit in der Erfahrung abgenommen werden kann", und das, „was mit den formalen Bedingungen der Erfahrung (den Formen des Anschauens *und* den kategorialen Formen des Denkens) übereinkommend gedacht wird, darf (kann) als *möglicherweise* empirisch wirklich existierend angenommen (behauptet) werden.
Nota bene; bei dieser vollständigeren und genaueren Formulierung tritt der untrennbare Zusammenhang mit dem zweiten Postulat deutlich heraus.
Die Rekonstruktion des zweiten Postulats erfordert eine ein wenig stärkere Reformulierung.

2. Postulat:
Nur, was über die Erfüllung der Bedingungen des ersten Postulats hinaus durch die materialen Bedingungen der Erfahrung (die Empfindung) sinnlich-anschaulich erfüllt bzw. erfüllbar ist und/oder mit anderem, erfüllt

Selbstgegebenem *nach empirischen Gesetzen zusammenhängend* vorgestellt wird, darf (kann) als empirisch wirklich existierend angenommen (behauptet) werden.

Erläuterungen:
(a) Es muß in dem zweiten Postulat selbst durch seinen Wortlaut der Mißverstand und Mißbrauch ausgeschlossen werden, daß etwas als wirklich angesehen werden könnte, was nach dem ersten Postulat nicht einmal möglicherweise als empirisch wirklich betrachtet werden dürfte.

(b) Es müssen im Postulat selbst die *beiden* Bedingungen vorkommen, von denen die nun zweitgenannte (und hier hervorgehobene) bei Kant nur in der ‚Erläuterung', und zwar in B 273/274 vorkommt — andernfalls ist das Postulat falsch bzw. unzureichend. Es ist nämlich, wie Kant wenig später im Text selbst richtig sieht, durch die bloße anschaulich materiale Erfüllung der formalen Bedingungen der Erfahrung noch gar nicht gewährleistet, daß eine „vermeinte Erfahrung nicht bloße Einbildung", also Halluzination oder Illusion sei (B 279, s. a. Fn. B XLI). An dieser Stelle muß man beachten: Nicht nur echte Wahrnehmungen, sondern auch illusionäre oder halluzinatorische Wahrnehmungstäuschungen entsprechen den Anschauungsformen und Kategorien (s. dazu auch Kap. I, 3.6, insbes. S. 36–37). Das bloße anschaulich erfüllte Vorstellen kann also nicht ein Recht zur Annahme der Wirklichkeit des so Vorgestellten begründen. Dafür ist mehr erforderlich: Das so Vorgestellte muß sich auch in das Ganze alles anderen so Vorgestellten zwanglos und ohne empirische Gesetze zu verletzen einpassen. Zur Illustration verweise ich auf das bereits in Kap. III, 4.4, S. 80f., als Analogon verwendete Puzzlespiel. Ist aber etwas bloß theoretisch Gedachtes so gedacht, daß es nach empirischen Gesetzen mit dem rechtfertigbar als wirklich Akzeptierten zusammenhängt, so kann es auch deshalb allein, also ohne selbst wahrnehmbar zu sein, ebenfalls als Wirkliches angenommen werden.

(c) Dieses Postulat sagt in einfacherer Sprache: Man kann nicht nur von dem selbst Wahrnehmbaren, sondern auch von Annahmen bezüglich der Existenz *theoretischer* Entitäten, nur sofern sie als mit allem Wahrnehmbaren nach empirischen Gesetzen zusammenhängend konzipiert sind, in erfahrungswissenschaftlichen Aussagen sinnvoll und gerechtfertigt Gebrauch machen. Kants Beispiel (B 273) ist denn auch eine typische naturwissenschaftliche theoretische Entität: der Magnetismus — eine theoretische Kraft. Heute würde man als ebenso typische Beispiele etwa die quantentheoretischen Elementarteilchen und schließlich — wie mir scheint — auch sogenannte theoretische Gesetze anführen können. Alle diese theoretischen Entitäten, zu denen — nach A 495 = B 523 — auch noch alle historisch vergangenen und nicht von uns selbst wahrgenommenen Ereignisse kommen, können prinzipiell nicht in irgendeinem allgemein akzeptierbaren Sinne des Wortes durch direkte Wahrnehmungen (Beobachtungen und/oder Experimente) überprüft werden. Alle aber sind — wenigstens im Prinzip — in der von dem Postulat für ihre wissenschaftliche Annehmbarkeit geforderten Weise indirekt durch Beobachtung oder Experiment in systematischem Zusammenhang mit bewährten empirischen Gesetzen mehr oder weniger streng überprüfbar.

(d) Daß eine Bezugnahme in der Theorie der *Kritik* auf Wahrnehmung oder sinnlich materiale Anschauung niemals als subjektivistischer Bezug auf aktuelle Wahrnehmungserlebnisse einzelner Subjekte[2], sondern stets als Bezug auf — modern gesprochen — tatsächliche intersubjektive *Wahrnehmbarkeit* zu verstehen ist, sollte eigentlich keiner längeren Ausführung bedürfen: In einer Theorie von der Art der Kantischen sind von vornherein alle konstituierenden Grundzüge aller Wahrnehmungen aller Subjekte (= die Formen des Anschauens und Denkens) transsubjektiv: Sie sind allen Subjekten gleichermaßen gemeinsam, da auch für sie als solche schon konstitutiv. Daher sind auch alle empirischen Gesetze und ‚empirisch gesetzlich richtig und durchgängig zusammenhängenden' (A 492 = B 521) Konfigurationen von raum-zeitlichen Dingen und Vorgängen empirisch intersubjektiv.

Die vervollständigende und präzisierende Rekonstruktion des dritten Postulats schließlich erfordert die relativ stärkste und ausgedehnteste Reformulierung.

Dafür sei zunächst daran erinnert, daß Zustände und Zustandsänderungen, die dem ersten und dem zweiten Postulat genügen, irgendwelche räumlich-zeitliche, den Kategorien entsprechende und empirisch gesetzlich richtig und durchgehend zusammenhängende Konfigurationen sind.

3. Postulat:
Unter den Zuständen oder Zustandsänderungen, die den Bedingungen des ersten und des zweiten Postulats genügen, können *nur* diejenigen als relativ empirisch hypothetisch notwendig (existierend) angesehen (behauptet) werden, die als kausalgesetzliche *Wirkungen gegebener*[3] *Ursachen* bestimmt sind.

Erläuterungen:
(e) Die Präzisierungen dieser Rekonstruktion sind alle Kants eigener

---

[2] Ausnahmen bilden nur die wenigen Stellen, wo gerade dies ausdrücklich und in polemischer oder kontrastierender Absicht geschieht.
[3] ‚gegebener' ist hier zu lesen als ‚tatsächlich intersubjektiv wahrnehmbarer' (s. o. Erl. (d) zum 2. Postulat).

Erläuterung zu dem dritten Postulat entnommen. (Für ‚Zustände' und für ‚nur Wirkungen gegebener Ursachen' vgl. A 227 = B 279, für ‚hypothetisch notwendig' vgl. A 228 = B 280.) Da sie keinesfalls logisch aus seiner Formulierung des Postulates allein gewonnen werden könnten, sind sie, entgegen Kants Meinung, nicht nur Erläuterungen, sondern Einschränkungen und Präzisierungen und gehören daher in das ‚Postulat' selbst.

(f) Aus der Präzisierung wird die Unhaltbarkeit solcher, bisher bei fast allen Interpreten vorkommenden Behauptungen ersichtlich, wie die R.P. Wolffs: „from the definitions of actuality and necessity, it is immediately obvious that the two terms are coextensive" (s. 1969, pp. 297/8). Kant selbst hat freilich zu derartigen Mißverständnissen ein wenig beigetragen. Einmal, indem er unvermutet und unangebracht mitten in der Erläuterung des Postulates der empirischen, hypothetischen Notwendigkeit einer bestimmten Wirkung relativ zu einer bestimmten gegebenen Ursache plötzlich anfängt, von der − *ganz anderen* − *transzendentalen Notwendigkeit* der allgemeinen Gesetzesartigkeit der Erfahrungsstruktur unter den Anschauungsformen und Kategorien zu reden. (Ab dem ersten, auf A 228 beginnenden Satz: „Alles, was geschieht, ..." bis zum Ende des Absatzes auf A 230.) Zum zweiten, indem er sich in dem darauffolgenden Absatz − wenn auch in polemischer Absicht − auf die objektsprachliche, ontologische, extensionale Redeweise seiner Gegner, von mehr oder weniger großen Feldern des Möglichen, Wirklichen und Notwendigen, einläßt und dort − da ja nach seiner Theorie die Modalitäten alle *nicht* Gegenstandsprädikate, also auch nicht gegenstandsvermehrende Prädikate sind − natürlich behaupten muß, daß es *sinnlos* sei, die „Zahl des Möglichen über die des Wirklichen" und die des Wirklichen über die des Notwendigen „hinauszusetzen" (vgl. A 231 = B 283/84).

Angesichts solcher polemischer Sätze übersieht man oder ignoriert man dann zu leicht die wirklich wichtigen und *immanent allein richtigen* Sätze, in denen er darauf hinweist, daß man nicht sagen könne, es komme zu dem Möglichen bei dem Wirklichen etwas hinzu, weil „nur zu meinem Verstand" von den Dingen (vgl. B 284), noch genauer, weil nur zu der „Position des Dinges in Beziehung auf den (empirischen Gebrauch) des Verstandes" (Fn. A 235 = B 287) etwas hinzukommt: nämlich die in den Postulaten angeführten Bedingungen der Setzung von etwas als möglich, wirklich und notwendig. Diese Bedingungen sind offensichtlich nicht stets alle erfüllt. Wenn die genannten Bedingungen der Annahme und Setzung von etwas als ‚empirisch real *möglich*' erfüllt sind, so brauchen keineswegs auch die Bedingungen des zweiten Postulates für die Setzung desselben angenommenen Zustandes oder Ereignisses (= Zustandsänderung) oder allgemein gesetzesartigen Sachverhaltes *als wirklich* erfüllt zu sein, schon gar nicht überdies die Bedingungen seiner Setzung als ‚*empirisch real notwendig*'.

4.2 Aus dem dritten Postulat ergibt sich nun deutlich eine sehr erhebliche Einschränkung des Bereichs der Aussagen, in denen etwas über die Notwendigkeit des empirischen Daseins und Soseins *von bestimmten Zuständen oder Zustandsänderungen* gesagt werden kann!

Daß Kants Begriffe der empirisch realen Möglichkeit, Wirklichkeit und Notwendigkeit − wie schon oben behauptet − sich auf Geltungsansprüche für unsere empirischen, insbesondere empirisch-wissenschaftlichen Aussagen beziehen, genauer: auf die *Zuverlässigkeit* solcher Geltungsansprüche, wird hier deutlich. Noch deutlicher wird es, wenn man die positive *Ein*schränkung *auf* Wirkungen gegebener Ursachen mit der ganz entsprechenden negativen *Aus*schränkung von Ursachen gegebener Wirkungen ergänzt, die Kant B 276 gibt, wenn er sagt, daß man umgekehrt „aus gegebenen Wirkungen auf *bestimmte* Ursachen allemal nur unzuverlässig schließt". Der konkrete, bestimmte kausale Rückschluß wird also in Kants Theorie − unbeschadet der *transzendentalen* allgemeinen Notwendigkeit der synthetischen Verarbeitung gegebener sinnlicher Mannigfaltigkeiten nach der Regel der Kausalkategorie − ganz anders beurteilt als der kausale Vorwärtsschluß. Und innerhalb der kausalen Vorwärtsschlüsse (von einer *bestimmten* Ursache auf eine *bestimmte Wirkung*) werden nochmals die, in denen die bestimmte Ursache nicht selbst wahrnehmbar ist, skeptisch beurteilt. Es wird − mit *Hume* gesprochen − die Behauptung einer ‚necessary connection' zwischen dieser oder jener Ursache und dieser oder jener *bestimmten* Wirkung *nur* für *solche* Aussagen zugelassen und gerechtfertigt, die sich auf Paare von Zuständen oder Ereignissen (bzw. Gruppen solcher) beziehen, von denen entweder beide oder mindestens die als Ursache betrachteten selbst wirklich wahrnehmbar sind.

5.1 Die in 4.1 mit Hilfe von Kants eigenen ‚Erläuterungen' rekonstruierten Postulate fügen sich sichtbar systematisch konsistent in die Gesamttheorie Kants − wie sie in Kapitel I−V rational rekonstruiert werden konnte − ein. Sie stellen auch eine sowohl sinnvolle als auch sachlich plausible Ergänzung von deren Aussagen dar. Also wird es angebracht sein, von ihnen aus rückschauend eine entsprechende Rekonstruktion der sogenannten ‚Schemata der Möglichkeit, Wirklichkeit und Notwendigkeit' (A 144/5 = B 184) zu versuchen.

Eine systematische Rekonstruktion dieser ‚Schemata' ist auch − abgesehen von den Postulaten − schon deshalb nötig, weil man leicht sieht:

(a) Sie können nicht – wie der Text in der *Kritik* es tut – auf ‚Bedingungen der Zeit' eingeschränkt werden. Kant schreibt: „Das Schema der Möglichkeit ist die Zusammenstimmung der Synthesis verschiedener Vorstellungen mit den Bedingungen der Zeit überhaupt (z.B. da das Entgegengesetzte in einem Dinge nicht zugleich, sondern nur nach einander sein kann) ..." (B 184 = A 144) Hier fehlt die Berücksichtigung des Raumes, da die Behauptung in der Klammer nur gilt, wenn man hinter ‚zugleich' die Wörter ‚und in derselben Hinsicht' einfügt. (In räumlich verschiedener Hinsicht – z.B. auf der Ober- und Unterseite – kann ein Ding, etwa ein Tisch, sehr wohl zugleich als weiß und glatt (oben) und braun und rauh (unten) vorgestellt werden.

(b) Diese ‚Schemata' müßten, wenn sie überhaupt als Schemata gelten können, eigentlich als eine Art Hyperschemata bezeichnet werden. Denn anders als die Schemata im eigentlichen Sinne, die alle Anwendungsregeln für je eine Kategorie sind und sein müssen (s. Kap. IV, 5), müssen diese Hyperschemata unvermeidlich auf Produkte der Anwendung *aller* anderen Kategorien Bezug nehmen, also alle anderen Schemata für sich schon voraussetzen. Sie formulieren also Zusammenfassungen von und *Zusätze* zu den Anwendungsbedingungen der anderen Kategorien als Bedingungen für die Annahme oder Setzung von etwas als Möglich, Wirklich oder gar Notwendig.

(c) Die beiden ‚Schemata' der Wirklichkeit und Notwendigkeit sind im Text überhaupt nicht angegeben, sondern eigentlich nur genannt oder betitelt.

(d) Die Behauptung, „das Schema der Notwendigkeit ist das Dasein des Gegenstandes zu aller Zeit" (B 184 = A 195), ist sicherlich immanent falsch: Es ist völlig unvereinbar mit dem dritten Postulat, wie es Kant selbst erläutert bzw. präzisiert und wie es – dementsprechend – hier rekonstruiert ist. Kant muß bei der Niederschrift des Schemas offenbar eine andere Art von Notwendigkeit im Kopf gehabt haben, als später bei der Formulierung des Postulates und seiner Erläuterungen. Es ergibt sich also die Frage, ob man das Postulat dem angeblichen Schema oder umgekehrt das Schema dem Postulat entsprechend rekonstruieren sollte – denn beide müssen sich jedenfalls entsprechen.

Da, wie schon gezeigt wurde, die ‚Schemata' der Möglichkeit, Wirklichkeit und Notwendigkeit sowieso gar nicht Schemata im gleichen Sinne wie die anderen Schemata sind und sein können, und da überdies die Postulate informativer relativ zur Gesamttheorie sind und *der* Begriff von empirischer Notwendigkeit, um den es in *ihnen* geht, allein der ist, um den es auch im Zusammenhang mit den Schemata gehen mußte, entscheidet sich diese Rekonstruktion für den zweiten der eben alternativ ins Auge gefaßten Wege.

5.2 Unter Berücksichtigung aller in 5.1 genannten Punkte (a – d) ergibt sich, wie mir scheint, folgende systematische Rekonstruktion:

(1.) *Hyperschema der Möglichkeit*: Nur was sich gemäß allen Kategorien und deren Schemata *so* vorstellen oder denken läßt, daß es zu einer nicht nur logisch konsistenten, sondern auch räumlich-zeitlich-dinglich-vorgänglich bruchlosen Gesamtkonfiguration der Erfahrung führt oder diese nicht zerstört, kann als empirisch realzeitlich *möglich* angesehen werden.

(2.) *Hyperschema der Wirklichkeit*: Nur von Gegenständen, Zuständen und Ereignissen oder Sachverhalten, die so konzipiert sind, (a) daß sie Bedingungen des Schemas der Möglichkeit erfüllen und (b) so, daß ihnen nach allen allgemeinen, insbesondere gesetzartigen *empirischen* Bedingungen bestimmte Zeitstellen angewiesen sind oder angewiesen werden können, können oder müssen als empirisch realzeitlich *wirklich* angesehen werden.

(3.) *Hyperschema der Notwendigkeit*: Unter allen Zuständen und Zustandsänderungen, die die Bedingungen der Hyperschemata der Möglichkeit und Wirklichkeit erfüllen, können als empirisch realzeitlich *notwendig* nur solche angesehen und erkannt werden, die als kausalgesetzliche *Wirkungen* empirisch-anschaulich selbstgegebener Zustandsänderungen bestimmt sind.

6.0 Ein Vergleich der rekonstruierten ‚Schemata' und ‚Postulate' zeigt erneut:

(a) Sie passen nicht in die sonst – zumindest für die sowieso zentralen ‚Analogien' durchaus sinnvolle und konsistent rekonstruierbare (s. Kap. III und IV, 5) Unterscheidung von ‚Schemata' und ‚Grundsätzen'.

(b) Schema und Postulat besagen in allen drei Fällen jeweils dasselbe, sind also jeweils identisch miteinander.

(c) Es ist möglich und angebracht, die Postulate systematisch rational zu rekonstruieren, weil sie sich so zwanglos und nahe am Text der ‚Erläuterungen' bleibend in eine systematisch rationale Rekonstruktion der Gesamttheorie der Erfahrung und Erfahrungswissenschaft in der *Kritik* einpassen und doch echte Information enthalten, da sie keineswegs aus den übrigen Teilen der Theorie einfach folgen. (Dies gilt mindestens für das 2. und 3. Postulat!)

(d) Am Ende ergibt sich so in dieser Rekonstruktion auch ein Argument für die Streichung der ‚Kategorien' der Modalität aus der Liste der Kategorien. Im Grunde ist dieses Argument implizit bereits in Kants eigener und auch richtiger Feststellung enthalten, sie seien gar nicht gegenstandskonstitutiv (B 110: 2. Klammer, letzte drei Wörter; B 266, 286–287 mit Fn.). Kategorien und Anschauungsformen sind aber transzendentalphilosophisch als solche überhaupt nur daran zu erkennen, daß sie *conditiones sine quibus non* für die Konstitution unserer Art von Erfahrung und damit von deren Gegenständen sind (vgl. Kap. III, 3.4 u. 4.3.1).

VERZEICHNIS DER ABKÜRZUNGEN

A Für Kants Schriften:

Kritik KrV	Kritik der reinen Vernunft, A, 1781 und B, 1787
De mundi …	Von der Form der Sinnen- und Verstandeswelt und ihren Gründen (De mundi sensibilis atque intelligibilis forma et principiis.) Diss. Königsberg 1770
Proleg.	Prolegomena zu einer jeden künftigen Metaphysik, die als Wissenschaft wird auftreten können. Riga 1783
MA	Metaphysische Anfangsgründe der Naturwissenschaft. Riga 1786
Fortschritte	Welches sind die wirklichen Fortschritte, die die Metaphysik seit Leibnizens und Wolffs Zeiten in Deutschland gemacht hat? Preisschrift v. 1791. Hg. v. D.F.Th. Rink, Königsberg 1804
KpV.	Kritik der praktischen Vernunft, A 1788
KU	Kritik der Urteilskraft, B, 1793
AA IX	Akademie Ausgabe v. Kants Werken (mit Band-Nr.)

B Für Termini der KrV:

AF	Anschauungsform (‚Raum' und ‚Zeit')
DF	Denkformen = Kategorien
D, a. s. gen.	Ding(e), an sich genommen = nicht als Erscheinungen

VERZEICHNIS DER LITERATUR

Adickes, E. (1924): Kant und das Ding an sich. Berlin 1924
Beck, L.W. (1967): Once More Unto the Breach. *Ratio* IX, 1, 1967, pp. 33–37.
Beck, L.W. (Ed.) (1969): Kant Studies Today. La Salle, Ill., 1969
Beck, L.W. (Ed.) (1972): Proceedings of the Third Int. Kant-Congr. Dordrecht 1972
Beck, L.W. (Ed.) (1974): Kant's Theory of Knowledge. Dordrecht 1974
Becker, O. (1964): Grundlagen der Mathematik in geschichtlicher Entwicklung. Freiburg u. München 1964
Bennett, J. (1966): Kant's Analytic. Cambridge Univ. Pr. 1966
Bennett, J. (1974): Kant's Dialectic. Cambridge Univ. Pr. 1974
Bird, G. (1962): Kant's Theory of Knowledge. London, New York 1962
Böhme, G. (1974: Zeit und Zahl. Frankfurt a.M. 1974. Abschn.: Kant: Zahl als transzendentale Zeitbestimmung
Böhme, G. (1974 b): Über Kants Unterscheidung von extensiven und intensiven Größen. *Kant-St.* 65, 1974, pp. 239–258
Böhme, G. (1977): Kants Theorie der Gegenstandskonstitution. Ms.
Brandt, R. (1980): Kant–Herder–Kuhn. *Allg. Zs. f. Philos.* 5/2, 1980, pp. 27–36
Buchdahl, G. (1969): Metaphysics and the Philosophy of Science. Oxford 1969; Abschn. VIII: Kant = pp. 470–682
Buchdahl, G. (1969 b): The Kantian ‚Dynamic of Reason' with Special Reference to the Place of Causality in Kant's System. In: Beck, L.W. (Ed.) 1969
Buchdahl, G. (1971): The Conception of Lawlikeness in Kant's Philosophy of Science. *Synthese* 23, 1971, pp. 24–46; rev. in: L.W. Beck, (1974)
Bushkovitch, A.V. (1974): Models, Theories, and Kant. *Phil. of Science*, 41, 1, 1974, pp. 86–88
Cleve, J. van (1973): Four Recent Interpretations of Kant's Second Analogy. *Kant-St.* 64, 1, 1973, pp. 71 ff.
Dryer, D.P. (1966): Kant's Solution for Verification in Metaphysics. London 1966
Erdmann, B. (1878): Einleitung. In: Kants Prolegomena zu einer jeden künftigen Metaphysik... Hg. u. hist. erkl. v. B. Erdmann, Leipzig 1878
Erdmann, B. (1884): Die Entwicklungsperioden von Kants theoretischer Philosophie. In: Reflexionen Kants zur Kritik der reinen Vernunft. Hg. v. B. Erdmann, Leipzig 1884
Ewing, A.C. (1924): Kant's Treatment of Causality. London 1924
Ewing, A.C. (1938): A Short Commentary on Kant's Critique of Pure Reason. Univ. of Chic. Pr. 1938 u.ö.
Feist, H. (1932): Der Antinomiegedanke bei Kant und seine Entwicklung in den vorkritischen Schriften. Leipzig 1932
Funke, G. u. Kopper, J. (Hg.) (1974): Akten des 4. Intern. Kant-Kongresses. Berlin / New York 1974
Gloy, K. (1976): Die Kantische Theorie der Naturwissenschaft. Berlin / New York 1976
Goodstein, R.L. (1965): Constructive Formalism. Leicester University Press 1965

Held, R. (1965): Plasticity in Sensory-Motor Systems. *Scientific American*, Nov. 1965; auch in: R.F. Thompson (Ed.), Progress in Psychobiology, San Francisco 1976, pp. 259–266

Henrich, D. (1969): Die Beweisstruktur von Kants transzendentaler Deduktion. In: Prauss (1973); zuerst in Engl. ersch. in *Rev. of Metaph. XXII*, 4, 1969

Henrich, D. (1976): Identität und Objektivität. Eine Untersuchung über Kants transzendentale Deduktion. *Sitz. ber. d. Heidelberger Akad. d. Wiss., Phil.-hist. Kl.*, Jg. 1976, Abt. 1

Hinske, N. (1970): Kants Weg zur Transzendentalphilosophie. Stuttgart 1970

Holzhey, H. (1970): Kants Erfahrungsbegriff. Basel, Stuttgart 1970

Hoppe, H. (1969): Kants Theorie der Physik. E. Unters. üb. d. Opus post. von Kant. Frankfurt a.M. 1969

Hübner, K. (1951): Das transzendentale Subjekt als Teil der Natur. Diss. Kiel 1951

Hübner, K. (1953): Leib und Erfahrung in Kants Opus postumum. *Zs. f. Philos. Fo. VII*, 1953, pp. 204–219

Husserl, E. (1966): Zur Phänomenologie des inneren Zeitbewußtseins. Den Haag 1966

Jennings, H.S. (1906): Behavior of the Lower Organisms. New York 1906

Kambartel, F. (1968): Erfahrung und Struktur. Kap. 3, Frankfurt a.M. 1968

Kaulbach, F. (1958/59): Kants Beweis des „Daseins der Gegenstände im Raum außer mir". *Kant-St. 50*, 1958/59, pp. 323–347

Kaulbach, F. (1963): Das Prinzip der Bewegung in der Philosophie Kants. *Kant-St. 54*, 1963, pp. 3–16

Kaulbach, F. (1963 b): Leibbewußtsein u. Welterfahrung beim frühen u. späten Kant. *Kant-St. 54*, 1963, pp. 464 ff.

Kaulbach, F. (1965): Der philosophische Begriff der Bewegung. Köln / Graz 1965: Kap. III, Kant

Kemp Smith, N. (1918): A Commentary on Kant's Critique of Pure Reason. London 1918

Kingeling, W. (1961): Die Antinomien in Kants drei Kritiken und das Ding-an-sich-Problem. Diss. Hamburg 1961

Körner, St. (1955): Kant. Harmondsworth 1955 u.ö.

Körner, St. (1960): Philos. d. Mathematik. München 1968; Engl. Original London 1960

Krausser, P. (1959): Untersuchungen über den grundsätzlichen Anspruch der Wahrnehmung, Wahr-Nehmung zu sein. Beiträge zur Deskription und ‚Ontologie' der Erkenntnis. Meisenheim 1959

Krausser, P. (1963): Humes Problem in kybernetischer Perspektive. *Philos. Naturalis VII*, 3/4, 1963, pp. 451–474

Krausser, P. (1968): Kritik der endlichen Vernunft. Diltheys Revolution der allgemeinen Wissenschafts- und Handlungstheorie. Frankfurt a.M. 1968

Krausser, P. (1979): Infinities. The Thesis of Kant's First Antinomy. *VIth Int. Congr. of LMPS, Abstracts, Sect. 13/14*, Hannover 1979, pp. 81–85

Laberge, P., Duchesneau, F., Morrisey, B.F. (Ed.) (1976): Proceed. of the Ottawa Congr. on Kant in 1974. Ottawa 1976

Leinfellner, W. (1965): Einf. in die Erkenntnis- und Wissenschaftstheorie, Sektion III, 12.2. Mannheim 1965

Ley, H., Ruben, P., Stiehler, G. (Hg.) (1975): Zum Kantverständnis unserer Zeit. Berlin (Ost) 1975

Mainzer, K. (1973): Mathematischer Konstruktivismus. Kants Begründung und gegenwärtige Präzisierung der Grundlagenforschung. Diss. Münster 1973

Paton, H.J. (1951): Kant's Metaphysics of Experience. A Commentary on the First Half of the „Kritik der reinen Vernunft". 2 Bde. London 1951

Plaas, P. (1965): Kant's Theorie der Naturwissenschaft. E. Unters. z. Vorr. v. Kants „Metaphysischen Anfangsgründen der Naturwissenschaft". Göttingen 1965

Prauss, G. (Hg.) (1973): Kant. Zur Deutung seiner Theorie von Erkennen und Handeln. Köln 1973

Prauss, G. (1974): Zur Problematik der Dinge an sich. *Akten d. 4. Int. Kant-Kongr. Mainz*, hg. von G. Funke, Berlin / New York 1974; II.1, S. 222–239

Prauss, G. (1974 b): Kant und das Problem der Dinge an sich. Bonn 1974

Reichenbach, H. (1928): Philosophie der Raum-Zeit-Lehre. Berlin 1928, jetzt auch als Bd. 2 d. GW hg. v. A. Kamlah u. M. Reichenbach, Braunschweig 1977

Riehl, A. (1908–26): Der philosophische Kritizismus. Bd. 1–3, Leipzig [2] 1908–26

Schäfer, L. (1966): Kants Metaphysik der Natur. Diss. Tübingen 1962, gdr. Berlin 1966

Schmucker, J. (1974): Zur Entwicklungsgeschichtlichen Bedeutung der Inauguraldissertation von 1770. *Akten des 4. Int. Kant-Kongr.*, hg. v. G. Funke, Teil I, S. 263–282, Berlin / New York 1974

Scholz, H. (1955): Eine Topologie der Zeit im Kantischen Sinne. *Dialectica*, 9, 1955, pp. 66–113

Scholz, H. (1956): Zur Kantischen Lehre von der Zeit. *Arch. f. Philos.* 6, 1956. pp. 60ff.

Schrader, G.A. (1949): The Thing in Itself in Kantian Philosphy. *Rev. of Metaphysics*, II (1949), p. 30

Stegmüller, W. (1970): Probleme und Resultate der Wissenschaftstheorie und analytischen Philosophie. Bd. II, Berlin–Heidelberg 1970

Stegmüller, W. (1967/8): Gedanken über eine mögliche rationale Rekonstruktion von Kants Metaphysik der Erfahrung, Teil I: *Ratio* 9, 1967, pp. 1–30; Teil II: *Ratio* 10, 1968, pp. 1–31; auch in: ders., *Aufs. z. Kant u. Wittgenstein*. Darmstadt 1970

Strawson, P.F. (1966): The Bounds of Sense. London 1966

Süßmilch, R. (1975): Kant, Hilbert und das Unendlichkeitsproblem im mathematischen Denken. In: Ley, Ruben u. Stiehler (1975), S. 320–346

Uehling, T.E. (1974): Kant, Disguised Nonsense and Patent Nonsense. *Akten d. 4. Int. Kant-Kongr.*, hg. v. G. Funke, Berlin / New York 1974; II.2, S. 889–896

Walsh, W. (1963): Reason and Experience. Oxford [2] 1963

v. Weizsäcker, C.F. (1965): Kants Theorie der Naturwissenschaft nach P. Plaas. *Kant-St.* 56, 1965, pp. 528–544

Wolff, R.P. (1969): Kant's Theory of Mental Activity, Harvard UP, Cambridge, Mass. [2] 1969

Frühere Versionen der Kapitel dieses Buches

An dieser Stelle möchte ich den Verlegern und Herausgebern der nachfolgend genannten Schriften für die freundliche Genehmigung danken, Teile der Texte der bei ihnen erschienenen Artikel für dieses Buch zu verwenden.

Zum I. Kapitel:

Krausser, P. (1972): Kant's Theory of the Structure of Empirical Scientific Inquiry, and Two Implied Postulates Regarding Things in Themselves. In: L.W. Beck (ed.), *Proc. III Int. Kant-Congr.*, Dordrecht 1972, pp. 269–75. Auch in: L.W. Beck (ed.), *Kant's Theory of Knowledge.* Dordrecht 1974

Zum II. Kapitel:

Krausser, P. (1971): The Operational Conception of ‚Reine Anschauung' (Pure Intuition) in Kant's Theory of Experience and Science. *Stud. Hist. Phil. Sci. 3/1*, 1972, pp. 81–87. Auch in: *Abstr. of the 4th Int. Congr. LMPS.* Bucuresti 1971

Krausser, P. (1973): ‚Form of Intuition' and ‚Formal Intuition' in Kant's Theory of Experience and Science. *Stud. Hist. Phil. Sci.* 4 (1973), pp. 279–287. Abstrakt in: *The Philos. Index.* XVIII/1, 1974

Krausser, P. (1975): ‚Raum' und ‚Zeit' als ‚Formen der Anschauung' und als ‚Formale Anschauungen' in Kants kritischer Theorie. In: J.M. Broekman u. J. Knopf (Hg.), *Konkrete Reflexion*, Festschr. f. Hermann Wein. Nijhoff, Den Haag 1975, pp. 17–33

Zum III. Kapitel:

Krausser, P. (1974): Zu einer systematischen Rekonstruktion der Wissenschafts- und Erkenntnislehre in Kants Kritik der reinen Vernunft, Teil IV: die sogenannte ‚Deduktion'. *Akten d. 4. Int. Kant-Kongr.* hg. v. G. Funke, Berlin / New York 1974; II.1, S. 288–304

Krausser, P. (1974 b): On some Arguments of a Special Deduction in Kant's Chapter on the Analogies. *Proc. Ottawa Congr. on Kant in 1974*, Ottawa 1976

Krausser, P. (1976): Zu einer systematischen Rekonstruktion der Erkenntnis- und Wissenschaftstheorie in Kants Kritik der reinen Vernunft, Teil VI: Zum Verhältnis von Kategorien, Schemata und Grundsätzen und zur Rolle der Analogien-Kapitel für die sog. ‚Deduktion'. *Kant-Studien 67*, 2, 1976, pp. 141–155

Krausser, P. (1975 b): Zu einer systematischen Rekonstruktion der Erkenntnis- und Wissenschaftstheorie in Kants Kritik der reinen Vernunft, Teil IX: Die Widerlegung des Idealismus. Als Ms. vervielf. Erhältl. im Inst. f. Phil. d. FU Berlin

Zum IV. Kapitel:

Krausser, P. (1974 c): Zu einer systematischen Rekonstruktion der Erkenntnis-Anthropologie in Kants Kritik der reinen Vernunft: Der Schematismus der Kategorien. In: Grundner, Krausser u. Weiss (Hg.), *Der Mensch als geschichtliches Wesen*, Stuttgart 1974

Krausser, P. (1976 b): Kant's Schematism of the Categories and the Problem of Pattern Recognition. *Synthese 33*, 1976, pp. 175–192

Krausser, P. (1976 c): Zu einer systematischen Rekonstruktion der Erkenntnis- und Wissenschaftstheorie in Kants Kritik der reinen Vernunft, Teil X: Vorrede B, Einleitung, Erstes Buch und Anhang zur Dialektik. Zur Rolle der transzendentalen Dialektik in der KrV. Als Ms. vervielfältigt. Erh. vom Inst. f. Philos. d. FU Berlin

Zum V. Kapitel:

Krausser, P. (1975 c): Kant's Schema and Principle of Mutual Interaction. *5th Int. Congr. of LMPS, Contr. Papers*. London Ont. 1975

Krausser, P. (1981): Die immanente Unzulässigkeit von Schema und Grundsatz der Wechsel-Wirkung und die Relativität der Gleichzeitigkeit in Kants Theorie. *Akten d. 5. Int. Kant-Kongr.*, hg. v. G. Funke. Mainz 1981

Zum VI. Kapitel:

Krausser, P. (1976 d): Die Postulate des empirischen Denkens und das Problem der Annahme theoretischer Entitäten und Gesetze in diesen. Als Ms. vervielf. Erh. vom Inst. f. Philos. d. FU Berlin

INDEX

Kursive Seitenzahlen verweisen auf Begriffe innerhalb eines Zitates.

Abhängigkeit des Verursachten 117
Ableitbarkeit v. Gesetzen 81
Abschattungen, perspektivische 84ff., 112
Abstoßung 115, 117, 118
Actio mutua 115
Ähnlichkeit / Verschiedenheit 39
Äquivokationen 45, 54ff., 67, 99
Ästhetik, transzendentale 22, 31, 41, 49, 100, 118f., 120
Affektion, affizieren 29, 36, 38, 47, 96, 109
Aktivitäten, s. Handlungen
Algebra 47, 58
Allgemeinbegriffe, diskursive 67
Analogien 22, 23, 27, 61, 62, 68, 72, 74, 78, 79, 82, 84, 113, 116, 118f., 125, 127, 143
Analyse
  blockdiagrammatische 25
  logische 21
  phänomenologische 21
  philosophische 21
  Sprach- 21
  system- u. prozeßdiagrammatische 22
Analytik
  transzendentale 31, 118f., 120, 130
  der Grundsätze 27, 62, 110, 112, 130–146
Analytizität 20
Anfang der Welt *89*
Anfangsbedingungen 28
‚Angeboren' 136
Anschauung
  reine, s. Anschauungsformen
  empirische 56, 139; s.a. Wahrnehmung
  formale 40, 56–60, 120
Anschauungsformen 17, 21–23, 29, 35 –38, 40–60, 73f., 91, 97–101, 104, 108, 110, 120, 135, 138, 140, 144

An sich = absolut genommen 34, 89
Anpassung
  interne 78f.
  externe 78f.
Antinomien 22, 33f., 44, 61, 62, 67, 86ff., 91
Antithese, transzendentale *89*
Antizipationen der Wahrnehmung 72, 119
Anziehung 115, 117, 118, 126
Apperzeption 61, 65ff., 73, 105, 108, 111, *127*; s.a. Einheit der A.
Apprehension, Synthesis der *41*, 69, 72, 80, 95f., 105, *127*, 133
Apriori 17ff., 35, *36*, *37*, 45, 67, 106, 130, 131
Apriorität, Theorie der 18ff., 67
Architektonik der KrV 123
Arithmetik 47, 49, 58
Artificial Intelligence Forschung 91, 94
Asymmetrie 52
Atomistik (i. d. Wahrnehmungspsychologie) 13, 21
Ausbreitungsgesetze 117, *134*
Ausdehnung
  räumliche 134f.
  zeitliche 119, 120, 126; s.a. Dauer
Ausstattung des Beobachters 124
Axiome
  der Anschauung 43, 48, 72, 119
  des Raumes 48
  der Geometrie 54, 135f.

Baumschema 55, 56
Becker, O. 135
Bedingungen
  ausreichende 30, 46, 76
  notwendige 30, 46, 76, 125, 132, 133, 137–143
  materiale, der Erfahrung 137

formale, der Anwendung der Kategorien 93, 99, 100–102, 137, 138
sinnliche, der Anwendung der Kategorien 93, 99–103, 137
der Möglichkeit 19, 22, 23, 31, 57, 62f., 68, 74, 82f., 84, 89, *102*, 105, 106, 111, 128, 130, 132, 133, 134, 135f., 144
der Setzung 140ff.
der Zeit 142
Bedürfnisse der Vernunft 29, 30, 38, 39, 65, 82, 108
Begründungsfrage 63f.
Beharrlichkeit 51, 53, *72*, 73, 100, *102*, 103, 105, 111, 119; s.a. Dauer
Beispiele
des Anfahrens eines Autos 77
der Fernbeobachtung einer Erschießung 78
des treibenden Flußschiffes 76, 80
der (angeblichen) Gleichzeitigkeit von Wärme und Ofen 120
der Hauswahrnehmung 75, 76, 80
des Begriffes des Hundes 94f.
der aktiven u. passiven Katzen 106
der Kugel auf dem Kissen 120f.
des Lichtstrahls (v. Reichenbach) 104
des Magnetismus 138
des Puzzles 80f., 138
der konkaven Wasseroberfläche im Glas 120
Beobachtung 19, *26*, 28, 29, 64, 124f., 126, 139
Bennett, J. 83
Berichtigung der Kategorienanwendung durch Erfahrung 37
Bestätigung der Kategorienanwendung durch Erfahrung 37
Bestimmung
Bestimmtsein 83ff.
apriorische *36, 37*, 108
empirische 37, 76, 102
unserer Erkenntnisse *36*
von Räumen und Zeiten 40, 51ff., 60, 75, 98, *102*, 104, 112, 115, 116, 119, 120, *127*, 132, 136
meines Daseins *102*
von Dingen 115, 116, 122
von Substanzen 115, 122
Bewegung 101, *102*, 103, 105
Beweis in der Widerlegung des Idealismus 101f.

Beweise, rein symbolische 135
Blockdiagramme 28, 29, 79, 122
Böhme, G. 21
Briefe Kants
an Chr. Garve 89
an J. H. Tieftrunk 99
Buchdahl, G. 54, 114, 120, 127
Bushkovitch, A. V. 17

Commercium *127*
Communio *127*
Compositum reale *127*
Computer 94
Conditio sine qua non, s. Bedingung der Möglichkeit
‚Conjunctions, constant' 63f.
‚Connections, necessary' 63f.
Critique of Pure Reason 43

Dasein
empirisches 72, 73, 83, *102*, 124, 141, *142*
Gottes *89*
meiner selbst *102*
Dauer 51, 52, 72–74, 77, 100, 123f.
Daten, hyletische 51, 107f.
Deduktion
transzendentale 22, 25, 31, 39, 41, 68, 69, 86, 91, 101, 113
metaphysische 69
subjektive 22, 68, 69
objektive 22
spezielle 22, 62, 72, 74, 113, 123
in A 36, 68, 71
Definitionen, operationale 109
Dewey, J. 124
Diagramme 29, 30, 35, 56, 79, 122
Dialektik, transzendentale 33, 60, 62, 117
Differenzierung von objektiven und subjektiven Zeitverhältnissen 123
Dilthey, W. 21
Dimensionalität 53, 75, 80, 121, 134f.
Dinge, an sich genommen 29, 32ff., 47, 75, 87, 88, 90, 96, 109
Dinge, als Gegenstände der Sinne 42, 67, 71, 74, 75, 76, 85, 87, 88, 90, 96,

100, *102*, 107, 109, 112, 115, 119f.,
123, 128, 136, 139, 140, 142
Dinglich-Vorgänglichkeit 36, 71, 74, 75, 85, 107, 108, 116, 120, 123, 136, 139, 143
Dissertation *De mundi* ... (von 1770) 40, 41, 47f., 50, 53, 130, 134, 136
Druck, physischer 115
Dynamik der *MA* 115, 116, 118
Dynamische Auffassung der Wissenschaft 22, 25, 26

Einbettung, systematische 81
Einbildung 95, 107, 109, 136
  produktive 36, 47, 55, 56, 57, 70, 132
  reproduktive 36, 47, 55, 56, 57, 70, 75, 97
  bloße 36, 37, 138
Eindrücke, sinnliche 16
Einheit,
  dreifache, der Apperzeption 61, 65ff., 71, 79, 80, 81, 82, 86, 91, 105, 108, 111ff., 127, *127*
  des Erfahrenen (Welt) 65ff., 71
  des Erfahrens (Bewußtsein) 65ff., 71
  des Erfahrenden (Ich) 65ff., 71
Einstein, A. 114
Einzelerfahrungen 35, 67
Elementarteilchen, quantentheoretische 138
Empfindung 21, 51, 71, 97, 137
Empirismus 52, 64
Endlichkeit des menschlichen Erkennens 58
Entdeckung, Kontext der 48
Entitäten, theoretische 23, 29, 86, 92, 126, 130, 138
Ereignisse 51, 74, 76, 103, 141, 143
Erfahrung 37, 107, 140
  innere 84, *102*
  äußere *102*
  zweiter Ordnung 129
Erfahrungsurteile 61
Erinnerung 104
Erkenntnispsychologie, transzendentale 23
Erkenntnistheorie 97, 109, 135, 137

transzendentalphilosophische 14, 16, 35, 100, 107, 116, 118, 124, 128
idealistische 87, 91
empiristische 87, 91
rationalistische 87, 91
realistische 87, 91
Erörterung
  transzendentale 31, 62, 91
  metaphysische 43
Erscheinungen *26*, 42, 49, 51ff., 59, 64, 72, 73, 75, 93, 96, 97, 98, 101, 107, 111, *121*, *125*, *127*, 133
Erscheinung$_1$ 99, 100, 101
Erscheinung$_2$ 100
Ethik 67
Existenz
  der Dinge außer uns 84ff., 130, 131, 137ff.
  der Dinge, an sich genommen 32ff.
  meiner selbst 84ff., 102
Experiment 26, 28, 29, 53, 62, 139
Extensional 119, 140; s.a. Unendlichkeit

Falsifikation 25, 27, 28, 30
Fehlbarkeit der Erkenntnis 18, 22, 91
Felder des Möglichen, Wirklichen u. Notwendigen 140
Feldtheoretische Grundannahmen der Physik 126f.
Fernwirkung, instantane 115, 118
Festsetzungen, konventionelle 128
Fingieren 37f.
‚Figürliche Synthese‘ 21, 55, 76, 82, 85, 95f., 98, 109, 132, 136
Folge, s. Nacheinander
Forderungen an Schemata 97ff., 107ff.
‚Formale Anschauungen‘ 23, 40, 56 – 60, 120
Formen
  des Anschauens, s. Anschauungsformen
  des Denkens, s. Kategorien
  der Erfahrung 137
Forschungsprozeß 25
Fortschritte der Metaphysik von 1791 37, 47
Freie Universität Berlin 13

Freiheit 67, 87, *89*, 90
Fremdbewußtsein 86

Gadamer, H.-G. 15
Ganze/Teile 43, 44, 58, 80f., *119*, *127*
Ganzheitsbegriff 67
Ganzheitspsychologie 21
Garve, Chr. 89
Gebrauch
 transzendenter *89*
 empirischer 140
Gedankending, bloßes *121*
Gedanken von der wahren Schätzung der lebendigen Kräfte (1746) 134
‚gegeben' 41, 50f., 75, 95, 96, 101, 107, 108, 109, 110, 116, 136, 137, 139, 141
Gegebene, das 21, 55, 61, 63, *64*, *99*, 100, 111, 138
Gegenkopplung, s. Rückkopplung
Gegenprobe der Wahrheit des Resultates 86f.
Gegenstand
 in der Vorstellung 44ff., 56, 75, 125, *127*, 143
 außer der Vorstellung *36*, 125
 der Erkenntnis *36*, 46, 56, 131, 132, 133
 der Sinne 48ff., 56, 100
 als physisches Objekt 125, *127*
Gegenstandsbewußtsein 82, 83f.
Gegenstandskonstitution 36f., 46f., 55, 56, 57ff., 62, 64, 65, 70, 71, 81, 82, 91, 95ff., 100, 109, 110, 111ff., 115, 116, 132, 133, 136, 137, 144
Gegenwirkung (reactio) 115
Geltungsansprüche
 aprioristisch-apodiktisch-dogmatische 18ff., 106
 empirische 63, 130, 137–143
‚Gemeinschaft' *117*, 122, 126, *127*
Geometrie
 euklidische 22, 40, 47, 49, 54, 96, 130, 135f.
 nichteuklidische 40, 48, 49, 130, 132, 134ff.
Geschwindigkeit
 unendliche 114, 115, 121, 128
 endliche 114, 115, 121, 124, 126

Gesetzartigkeit 39, 51, 61, *64*, 65, 76, 79, 80f., 107, 140, 141
Gesetze
 empirische 23, *26*, 27, 29, 35, 64, 90, 92, 108, 130, *134*, 138, 139
 theoretische 138
 des Gemüts 48, 79, 135, 136
 des Anschauens und/oder Denkens 38, *41*, 79, 104, 121, 136
 der Sinnlichkeit *41*, 48, 104
Gesetzgebung *64*
Gestalt 46, 57
 -erkennung 22, 91, 93ff., 109
Gleichzeitigkeit
 zweier Ereignisse 124, 125, 128
 der Beobachtung 125
 s. a. Zugleichsein
Goodstein, R.L. 53
Grammatik der indoeuropäischen Sprachen 34
Graph, gerichteter 28, 29, 31, 35
Gravitation 118
Grenzen des Räumlichen bzw. Zeitlichen *119*
Größen
 unendliche 42
 endliche extensive 43, 44, *73*, 101, 103, 119f.
Grundkräfte 115, 118
‚Grundsätze' 35, 72, 93, 94, 108, 109, 110, 111f., 114–129, 130, 136–144
Grundsatz der endlichen kontinuierlichen Extensionalität alles Zeitlichen 119
Gültigkeit
 objektive 61, 63, 83, 111
 einer Aussage 20
Gültigkeitsfrage 63, 83

Halluzination 79, 138
Handlungen
 des Gemüts *41*, 44, 45, 50, 93, 113
 des Verstandes 35
 körperliche 46, 78, 93, 105, 107
Hausbeispiel 75, 76
Held, R. 106
Hermeneutik 21
Heuristik 17, 60, 71
Hintergrund, theoretischer 28

Hirngespinst *121*
Hübner, K., 105
Hume, D. 63 ff., 141
Humes Problem 61, 63, 64, 65, 68, 81, 91, 130, 141
Hyperschemata 142–143
Hypostasierung 70, 121
Hypothese 18, 19f., 26f., *27*, 28, 29, 30, 35, 82
  physikalische *27*, 64, 65
  hyperphysische *27*
Hypothetische Umänderung der Denkart 18

Ich
  der transz. Einheit der Apperzeption 66, 71
  des inneren Sinnes 66, 84
  als logisches Subjekt 67
  als transzendentes noumenales Ich, an sich genommen 67
  der Erfahrung 66, 71, 82, 83, 84 ff.
‚Ich denke' (der Deduktion) 67
‚Ich denke' (der Paralogismen) 67
Idealismus
  transzendentaler 22, 33, 36, 62, 86
  empirischer 87
  subjektiver 87 f.
  materialer 87
Ideen, regulative 17, 60
Identifizierung, numerische, des Ich mit sich selbst 66, 71, 107
Identität, Satz der 30, 134
Illusion 35–37, 64, 70, 79, 88, 138
Influxus physicus 120
Information verarbeitende Systeme 17
Inhaltsanalyse 21
Input
  unabhängiger 29, 35
  sinnlicher 46, 79
Integration, synthetische 108
Interessen der Vernunft 30
Intersubjektivität der Wahrnehmbarkeit 139
Intuitionismus 49
Invarianz, s. Konstanz/Variation
Irreflexivität 52

Irreversibilität
  des Zeitbewußtseins 51, 104
  einer Ereignisreihe 76, 78, 104
Irrtum 35, 36, 37, 38, 79, 80

James, W. 51
Jennings, H. S. 105 f.

Kambartel, F. 108
Kategorien 17, 29, 35, 36, 46, 55, 71, 80, 86, 91, 93–97, 99, 100, 104, 108, 109 ff., 114, 136–140, 144
  mathematische 29, 30, 134
  dynamische 29, 76, 113, 116, 117 ff., 123, 130, 134
Kategorientafel 123
Kausalgesetzlichkeit 36, 61, 78, 81, 105, 121, 139, 140, 141, 143
Kausalität 96, 98
  Kategorie der 51, 74, 76, 79, 85, 103, 105, 141
  Schema der 23, 78, 85, 93, 97 f., 103, 105, 107, 120, 123, 124
  Grundsatz der 120, 124
  wechselseitige 115, 122
Kemp Smith, N. 43
Kennzeichen in sinnlichen Mannigfaltigkeiten 96, 99, 100, 101, 102, 103, 107, 109, 111, 136
Kennzeichnungsprinzip (Reichenbachs) 23, 93, 103
Kingeling, W. 64, 88
Klassenbegriffe 95
Körner, St. 48, 72
Koexistenz 124, 125; s. a. Zugleichsein, Gleichzeitigkeit
Komposition *127*
Konfiguration, anschauliche 80 ff., 109, 111, 112, 139, 143
Konsequenz *127*
Konsistenz 114, 121
Konstanz/Variation 39, 72, 74, 78 f., 82, 101, *102*, 103, 107, 111
Konstitution, konstitutiv, s. Gegenstandskonstitution
Konstruktion
  konstruktiv, konstruierbar 43, 45 ff., 56, 57, 60, 81, 110

ideale 85, 133
logische 85
ostensive 47, 49, 96, 130, 132, 134, 135
symbolische 47, 48, 130, 132, 134, 135
theoretische 85, 126
Konstruktivismus 49
Kontext
  der Entdeckung 48, 81, 136
  der Rechtfertigung 48, 63f., 81, 136 –144
Kontinuität 52, *119*
Konvention 50
Kopernikanische
  Hypothese 18
  Revolution 18, 25, 106
Korrespondenzrealismus
  ontologischer 22, 62
  empirischer 90
Korrespondenzregeln 109
KpV 26
Kräfte 131, 138
Kripke, S. A. 20
Kriterium der Akzeptabilität geleisteter Konstitutionen 112
Kriterien
  der Anwendung von Kategorien 96, 99–103, 105
  aller Erfahrung 37, 80f.
  der Deduktion 68
  empirische 37, 80f., 105
KU 89
Kulturanthropologie 21
Kurzschrift, benutzte 51, 121
Kybernetik 16f., 21, 69

Lambert, J. H. 135
Lebensgeschichte des emp. Ich 66
Lehrsatz der Widerlegung des Idealismus 83
Leiblichkeit des Subjekts 105
Leibniz, G. W. 15
Leinfellner, W. 51, 52
Lernen aus der Erfahrung 26, 35, 38, 79, 106, 107
Lernfähigkeit u. -bedürftigkeit 91
Lernprozeß, Wissenschaft als 25, *26*, 95

Lernpsychologie 94
Lichtgeschwindigkeit 124, 126
Linguistik 21, 91
Logik 28, 29, 30, 31, 51, 131–134
Logische Analyse 21
Lokalisation, räumlich-zeitliche des Ich 84 ff.

Mannigfaltige, das 43, 51, 53, 69, 72, 73, 76, 98, 101, 103
Mannigfaltigkeiten, sinnliche 17, 22, 39, 51, 53, 56, 65, 71, 75, 82, 86, 91, 93, 95, 96, 97, 99, 100, 101, 103, 107, 109, 110, 111, 116, 133, 136, 137, 141
Material der Anschauung 21, 46, 47, 57, 69, 85, 98, 133
Materie
  physikalische 115, 117, 118, 126
  der Wahrnehmung 84 f.
Mathematik 28, 29, 91, 110, 133, 134, 135
  Anwendungsprobleme der 25, 31
  Kategorien der 29; s.a. Kategorien, mathematische
  reine 45, 47–50, 53, 132, 133
Mead, G. H. 124
Mechanik
  der *MA* 115, 118
  Newtons 69, 114, 118, 128
Messung 124
Metagesetze 65, 68
Metaphysik 86, *89*, 117
  Theorie der 14
Metaphysische Anfangsgründe der Naturwissenschaften (1786) 114–118, 127
Metasprache 34, 90
Metatheorie 34, 65, 68, 90, 95, 117, 118, 130, 135, 137
Methodenlehre 25, 26, 27
Metrisierung 129
Modalitäten, logische, mathematische, empirische, hypothetische, transzendentale 130–144
Modelle
  anschauliche 29, 121f., 136
  euklidische 49, 136
  symbolische 29

Modi der Zeit 51–53
Modus ponens *27*
Modus tollens *27*, 30
Möglichkeit
 logische 130, 131, 133, 135
 mathematische 130, 132, 133
 empirisch reale 130, 131, 133, 137, 140, 141, 143
 transzendentale 131
 Bedingung der, s. Bedingung der Möglichkeit
Murphy, E. E. 124

Nacheinander 51, 53, 71, 72, 73, 75, 77, 100, 108, 119, 121, 122, 125, 142
 im Subjekt 125
 im Objekt 125
Nahewirkung 115
Natur *26*, 29, 31 f., 35, 64, 107, 108
Necessary connections (Humes) 63 f., 141
Newton, I. 23, 114
NONkorrespondenzrealismus, ontologischer 22, 25, 33, 62, 90
Normativität, transzendentale 80
Notwendigkeit
 ausgesagte 20, 63 f.
 der Aussage 20
 empirische, hypothetische 63 f., 81, 82, 130, 131, 139 ff.
 epistemische 20
 logische 130, 131
 mathematische 130, 134
 sachliche 20, 38, 63 f., 81, 82
 transzendentale 71, 82, 83, 113, 140, 141
 des Postulierens von Dingen an sich 25, 34, *36*, 38, 47, 67, 90
 der Verknüpfung von Ereignissen 63 f., 81, 82

Objekt
 im Satz 34
 exaktes, der Mathematik 49 f.
‚Objektiv' (= gültig für Gegenstände der Erfahrung) 75, 119
Objektsprachlich, -theoretisch 34, 117, 118, 130, 135, 137, 140

Ontologisch 140
Operationalisierung der Kategorien 23, 103, 109, 123
Operationalismus
 transzendentaler 49, 128, 133; s.a. Konstruktion, Konstitution, Handlung des Gemüts, Operationalisierung der Kategorien
Opus postumum 105
Organismen 78, 106

Parallelenpostulat 48 f.
Paralogismenkapitel 67, 84
Pattern-recognition (Gestalterkennung) 22, 91, 93 ff., 109
Peirce, C. S. 25, 26, 27, 124
Permanenz, absolute oder relative 73
Perspektivität, raum-zeitlich-dinglich-vorgängliche 84 ff., 95, 112
Phänomene 42, 49, 52 f., 69, 96, 100, 105
Phänomenologie der *MA* 116, 118
Physik 53
Physiologie der Wahrnehmung 70
Popper, K. 27
Postulate des empirischen Erkennens 13, 23, 27, 119, 130, 136–146
Pragmatismus 26
Prauß, G. 33
Prinzip von Jennings 105 f.
Prinzipien
 der Logik 29, 30
 der Mathematik 30
 der Vernunft *26*, 29, 31, 35, 64
Prolegomena 33, 39, 47, 89, 90, 108, 115, 119
Psychologie 21
 kognitive 91
 des Lernens, s. Lernpsychologie
 der Wahrnehmung, s. Wahrnehmungspsychologie
Punkte sind nur Grenzen *119*
Punktmassen 86

Quanta continua *119*
Quasi-Ordnung 52, 75

Randbedingungen 28
Raum (u. Zeit) 17, 23, 40–60, 84ff., 95, 101, 104, 114, 119, 120, 132, 134, 142
 absoluter 59
 bestimmter 119, 120, 136
 Arten von 135
Reaktionen 106
Realismus
 direkter 88
 objektiver 88
 empirischer 25, 53, 62
 transzendentaler 87
 Korrespondenz-R. 22, 25, 87, 88
 NONkorrespondenz-R., s. dort
Realismus-Argument v. Bennett 83
Realität
 objektive 131, 132
 transzendente 34, 38, 62, 87
Rechtfertigung 48f., 63, 65, 81, 128f.
Reduktion der Mannigfaltigkeit 107, 108
Reflexionen (Kants) 88, 89
Reflexivität 52
Regelkreisstruktur 25, 29, 30
Regeln
 des Anschauens 29, 30, 35, 38, 40, 47–60, 62, 71, 75, 99, 120, 130, 134, 136
 der Anwendung von Kategorien 17, 29, 96, 97, 98, 99, 103, 107, 109, 136, 142
 des Denkens 29, 35, 38, 40, 55, 62, 71, 141
 der Logik 35
 des Vorstellens 36
 der Sinnlichkeit 40, *41*
 der Konstruktion 96, 130, 133, 134
 der synthetischen Verarbeitung 17, 37, 40, 62, 65, 76, 81f., 91, 94, 95f., 105, 107, 110, 111, 136, 141
 der Zuordnung 109
 des zeitlichen Folgens 103, 122f.
 des Zugleichseins 115
Regreß, unendlicher 81
Reichenbach, H. 23, 103
Reize 106
Rekognition 55, 70, 104, 105
Rekonstruktion
 historische 13
 systematische 13, 14, 15

Grundprinzipien der R. 14
Gesichtspunkt unserer R. 18ff.
Relationskategorien 76
Relationslogik 94
Relativität
 der Gleichzeitigkeit 23, 124, 128
 der Bewegung 117
Reproduktion 36, 47, 55, 56, 57, 70, 75, 97, 104, 105
Revolution, kopernikanische 25
Rezeptivität 37, 47, 55, 101, 108, 109, 136
Römer, O. 126
Rückkopplung, negative 25, 31, 38
Rückschluß, bestimmter kausaler 141
Rückwirkung 117

Schein, transzendentaler *89*
Schemata 17, 28, 29, 30, 35, 46, 85f., 93, 94, 95, 96, 97, 98, 99, 101, 105, 107, 108, 109, 111f., 114, 117f., 130, 136, 137, 141–144
Schematismus 21, 22, 23, 93ff., 110
Schiffsbeispiel 76f.
Schneider, E.O. 51
Selbstbewußtsein 66, 82, 83ff., 112
Simultaneität 53, 108
Sinn, innerer 66, 99
Sinne 16
Sinnenwelt *102*
Sinnesausstattung 124
Sinnlichkeit 17, 38, 96, 99, *104*
Skandal der Vernunft *89*
Sloman, A. 17
Sosein, empirisches 141
Spontaneität 37, 106
Sprachanalyse 21
Sprachen 95
 indoeuropäische 34, 50
Stegmüller, W. 14–15, 129
Störungen aus der Umwelt 78f., 80
Strom
 des Bewußtseins 51, 72, 82, 104, 125
 der Ereignisse 82, 104, 125
Struktur, topologische, der Zeit 52, 75